保育者をめざす人のための

ことばの表現
話す・聞く・書く

篠原京子・増田 泉 著

建帛社
KENPAKUSHA

はじめに

－保育者をめざしている皆さんへ－

　本書は，保育者をめざす学生が必要とする国語表現の技術を述べたものです。保育者にとって，「話す・聞く」「書く」表現はたいへん重要な技術です。なぜかといえば，子どもを人として育てるためには言葉が必要だからです。保護者とのコミュニケーションにも必要です。皆さんの中には「国語が苦手」「文章を書くのも話すのもできれば避けたい」と思っている人もいると思いますが，これを機会に言葉の使い方を学び，言葉で表現することの楽しさを味わってもらいたいと思います。そして，その楽しさを将来保育者として子どもたちに伝えてほしいと願っています。

　本書は前半が音声による表現「話す・聞く」の基本と実践，後半が文字による表現「書く」の基本と活用に分かれています。基本編をある程度学んでから応用編を読むことを薦めますが，自分が必要な箇所から読み始めても分かるように書いてあります。

　「話す・聞く」の基本編では，保育者に求められる話し方，あいさつの仕方，敬語の使い方など，日常生活のコミュニケーションを円滑にする技術を中心にまとめました。また，「書く」の基本編では，文字を正しく書くためのペンの持ち方，仮名文字と漢字の正しい書き方と使い方，さらに小論文の書き方などについて説明しました。小・中・高校で学んだ内容もありますが，言葉の学習では，知識としてよく知っていることと技術として実際に身についているかどうかは全く違います。この本で学んだことが日常生活で自然と活用できると，保育者になったときに役立ちます。しっかり音読して学習を進めましょう。

　「話す・聞く」の実践編と「書く」の活用編では，基本を確認した上で身につけてほしい国語表現の技術について，例を挙げて示しました。「話す・聞く」では自己紹介の仕方，実習先との話し方や保育現場での話し方における注意点やポイントが分かるようになっています。また，「書く」では，書くことが苦手だと思っている人が「これなら書けるかも」と思えるように，文章の書き方のポイントを整理しました。実習日誌や就職試験の小論文，さらにクラス便りや連絡帳に，簡潔で分かりやすい文章が書けるようにすることが大切です。

こうした国語表現の技術は一度では身につかないので，覚えてできるまで何度も繰り返し練習することが必要です。たくさん練習し，継続した努力が大事になります。話す練習や書く練習を何度も繰り返して経験を積めるように，本書には練習問題を多く設定したので，演習を通して学び，分からないときは解答例を確認しましょう。

　繰り返すことで着実に技術は向上し，自信をもって使えるようになります。日常的に，自然に使える技術として身について初めて卒業できると考え，今日から何度も読んで繰り返し練習しましょう。本書には，実習，就職活動，さらに保育者になって仕事を始めてから使う国語表現の，それぞれの場に応じた使い方が書かれています。学校での学びではもちろん，卒業してからも手元に置いて使ってほしいと思います。

　皆さんがめざしている保育者とは，これからの社会を担う子どもたちを育てる，社会的に大変意義のある仕事です。子どもたちの命を守り，子どもたちが人として自立していけるように見守りながら，成長にかかわっていく仕事だからです。また，子どもの「親（保護者）」育ちにも一役買うことにもなります。仕事をする親にとって，また，育児への支援を求めて集団での子育てを望む人にとって，保育所や幼稚園，認定こども園などはなくてはならない施設です。そこで働く保育者は，共に子育てをする仲間であり，師でもあるわけです。

　皆さんが将来かかわっていく子どもたちが，豊かな言語環境の中で大きく育ち，また，皆さんも保育者の道を選んでよかったと思える仕事ができることを，心から祈ります。

2019 年 3 月

著　者

はじめに（保育者をめざしている皆さんへ） ... i

Ⅰ 話す・聞く －基本編－

1 保育者に求められる話し方
- （1）明るく感じのよい話し方 ... 2
- （2）聞き取りやすい話し方 ... 2
- （3）簡潔で分かりやすい話し方 ... 3

2 あいさつ
- （1）日常のあいさつ ... 4
- （2）時と場に応じたあいさつ ... 4

3 敬語の使い方
- （1）敬語の種類 ... 6
- （2）次の言い方に気をつけよう ... 7

4 話し方・聞き方の基本
- （1）話し方の基本 ... 8
- （2）聞き方の基本 ... 9

Ⅱ 話す・聞く －実践編－

1 自己紹介の仕方
- （1）短い顔合わせの自己紹介 ... 12
- （2）実習初日の先生方への自己紹介 ... 12
- （3）子どもと初めて会ったときの自己紹介 ... 13
- （4）年度始めの保護者会での自己紹介 ... 13

2 実習先との話し方
- （1）アポの取り方 ... 14
- （2）オリエンテーションでの話し方 ... 15
- （3）実習中の話し方 ... 15

3 保育現場での話し方
- （1）子どもへの話し方 ... 16
- （2）保護者との話し方 ... 18
- （3）外部の方との話し方 ... 22

4 面接〈就職活動〉での話し方
- （1）事前準備 ... 26
- （2）面接での話し方 ... 27

Ⅲ 書く －基本編－

1 文字を正しく
- （1）ペン（鉛筆）の正しい持ち方 　30
- （2）仮名を正しく 　32
- （3）漢字を正しく 　36

2 文章の基本的な書き方
- （1）小論文 　46
- （2）表記 　52
- （3）引用の仕方 　58

Ⅳ 書く －活用編－

1 実習日誌の書き方
- （1）なぜ書くのか 　64
- （2）書き方のポイント 　65
- （3）実習日誌例 　66
- （4）書き方チェック 　67

2 指導計画の書き方
- （1）指導計画とは何か 　68
- （2）指導計画（日案，部分指導案）を書く前のチェックリスト 　69
- （3）指導計画（日案，部分指導案）の形式例 　69
- （4）降園時の部分指導案例 　70
- （5）制作時（ぴょんぴょんがえる）の部分指導案例 　71

3 実習礼状など手紙・葉書の書き方
- （1）用具をそろえる 　72
- （2）手紙の構成 　72
- （3）封筒の書き方 　74
- （4）注意事項 　74
- （5）お礼状（手紙）の例 　75
- （6）お礼状（葉書）の例 　76

4 電子メールの書き方
- （1）電子メールの利点 　77
- （2）電子メールのマナー 　78
- （3）電子メールの作成 　79
- （4）パソコンでのメール作成 　80

5 履歴書の書き方
- （1）書く前に気をつけること 　81
- （2）実際に書くときに気をつけること 　81
- （3）提出するときに気をつけること 　82
- （4）「送り状」の書き方 　83

もくじ

6 就職試験のための小論文の書き方		
(1) 試験の形態（いつ書くか・字数・試験時間）	86
(2) 小論文試験のための事前学習	86
(3) 小論文の文章構成	87
(4) 試験中の手順	88
(5) よく出題されるテーマ例	89
(6) 小論文の例	89

7 連絡帳の書き方		
(1) 連絡帳を書くための基礎的な言語能力	90
(2) 連絡帳の種類や使い方	90
(3) 連絡帳を書く上で気をつけること	91
(4) 連絡帳の文例	93

8 クラス便りの書き方		
(1) 園からのお便りの種類	94
(2) クラス便りの目的	94
(3) クラス便りの書き方	95

資料

1 学生時代に読んでほしい本	96
2 平仮名・片仮名の成り立ちの表	98
3 文章構成表と原稿用紙	100

練習問題解答　103
さくいん　109

I "話す・聞く"
基本編

1 保育者に求められる話し方

子どもは大人の話し方をお手本に言葉を覚えていきます。両親や家族から最も影響を受けますが，次に大きく影響を受けるのは保育者です。子どもが常にまねをすることを念頭において自分の話し方を見つめ直しましょう。

（1）明るく感じのよい話し方

① 笑顔で話す。
② 相手の顔を見ながら話す。
③ うなずいたり相づちを打ったりしながら，相手の話をよく聞く。

練習 1 以下の会話は，お迎えのときの保育者と保護者の会話です。役割を決めて，会話してみましょう。終わったら交代して練習しましょう。

```
A（保護者）こんにちは。お世話になりました。
B（保育者）お帰りなさい。
A      今日はうちの太郎はどうでしたか。
B      (                    )
A      そうですか。また明日もよろしくお願いします。
B      (                    )
```

〈◎○△で自己評価しよう〉
① 笑顔（　　）　② 相手の顔（　　）　③ うなずきや相づち（　　）

（2）聞き取りやすい話し方

① 発音…正しい口の形で話す。（「あ」「い」「う」「え」「お」の母音が大切）
② 声の大きさやスピード…場に応じた声の大きさやスピードで話す。
③ 口癖…自分の話を録音して，口癖がないか確かめるとよい。

練習 2 早口言葉で発音の練習をしましょう。〈◎○△で自己評価しよう〉

・新春シャンソンショー（　　　）
・東京特許許可局で，今日急遽許可却下（きゅうきょ）（　　　）
・かえるぴょこぴょこ三（み）ぴょこぴょこ
　合わせてぴょこぴょこ六（む）ぴょこぴょこ（　　　）
・お綾や，八百屋におあやまり（　　　）
・マグマ大使のママ　ママグマ大使（　　　）

I ● 話す・聞く　基本編

練習 3　テレビやラジオのアナウンサーは1分間に350〜400字程度（400字詰の原稿用紙約1枚）の速さで話すそうです。次の200字の例文を何秒で話すか計って，適切な速さを確かめましょう。(30秒程度が適切)

> 「3歳の壁」が出現するのは，3歳から5歳です。この時期の子どもは「どうして」や「なんで」という問いかけをよく行います。これは，物事の関連を把握し，時間的順序や因果関係などを確認したいという子どもの知的欲求の表れなのです。例えば，「どうして花には水をやるの。」や「電車にあといくつ乗るの。」など，次から次へと質問をしてきます。このとき，面倒がらずに，大人の言葉で正確に丁寧に答えてあげることが大切です。
>
> （長谷川祥子『論理的思考力を育てる授業の開発　中学校編』明治図書　2003　pp.13-14）

〈1回目（　　　）秒，2回目（　　　）秒〉

（3）簡潔で分かりやすい話し方

① **易しい言葉を使う**

　　話し言葉は目で確認できません。日常的によく使う平易な言葉を使うことが大切です。同音異義語は誤解のもとになるので気をつけましょう。

② **簡潔に話す**

　　子どもに分からせようとして詳しく長い説明をする人がいますが，これは逆効果です。効果的な言葉を選び，短く，簡潔に話しましょう。

③ **キーワードを入れる**

　　話したいことがいくつあるのか確認し，箇条書きにします。一項目に一つのキーワードを入れて話すと分かりやすくなります。

練習 4　次の例文を四文の箇条書きに直します。①に習い，一文には一つのキーワードを入れて②〜④を書きましょう。

> 今日の当番さんは図工マットをロッカーから出して配り，自分の机の上にクレヨンを出したら，前のテーブルに画用紙を1枚取りに来て，隣の友達の顔をクレヨンで描きましょう。

① 今日の当番さんは，図工マットをロッカーから出してみんなに配りましょう。

②

③

④

2 あいさつ

あいさつは，人間関係を円滑にするために人類の長い歴史が生み出した貴重な遺産です。あいさつがうまくできると仕事も順調に進みます。

（1）日常のあいさつ

日常の決まり切ったあいさつの言葉には深い意味はありません。相手に敵意をもっていない，仲良くしたい，という意思表示です。毎回違う言葉を考えて会話を交すのは大変なので，決まり文句のあいさつがとても便利なのです。

練習 5

① 保育者が園で子どもとよく交わす主なあいさつを書きましょう。

② 保育者が園で上司や同僚とよく交わす主なあいさつを書きましょう。

（2）時と場に応じたあいさつ

社会人になると，公的な場で大勢の人にあいさつをすることがあります。

練習 6 次のあいさつを，明るい声で，笑顔で練習してみましょう。

① 着任のあいさつ

はじめまして。佐藤花子と申します。この3月に○○大学を卒業しました。今日からこのすみれ幼稚園でお世話になります。初めての仕事なので，先生方にはいろいろとご迷惑をおかけすることと思いますが，精一杯努力いたしますのでどうぞよろしくお願いいたします。

I ● 話す・聞く　基本編

② 　保護者会でのあいさつ

　はじめまして。今年度，もも組を担当いたします佐藤花子と申します。この４月に初任者としてこのひまわり保育園に着任いたしました。未熟者ですのでいたらない点は多々あると思いますが，子どもたちのために精一杯頑張りたいと思います。一年間，どうぞよろしくお願いいたします。

③ 　家庭訪問・個人面談のあいさつ

　こんにちは。お忙しいところお時間を作っていただいてありがとうございます。春子さんの担任になりました山田太郎と申します。どうぞよろしくお願いいたします。春子さんの最近の様子はいかがですか。（保護者の話を聞く。）では，私の方から園での様子をお話しいたします。（園での様子を話す。）

④ 　電話をかけるときのあいさつ

　もしもし，ひまわり保育園ですか。私はすみれ幼稚園の鈴木理恵と申します。いつもお世話になっております。お忙しいところ申し訳ありませんが，高橋先生をお願いできますでしょうか。

⑤ 　園でけがをした園児の保護者に，次の朝会ったときのあいさつ

　おはようございます。昨日はご心配をおかけして本当に申し訳ありませんでした。二郎くんの具合はいかがですか。（保護者の話を聞く。）今日はよく様子を見ながら活動を進めていきたいと思います。

⑥ 　先輩や上司にものをたずねるときのあいさつ

　高橋先生，おはようございます。お忙しいところ申し訳ありませんが，今日の避難訓練のことで教えていただきたいことがあります。集合場所での並び方を教えてください。

練習 7 　学級開きのときの子どもたちへの最初のあいさつは何と言いますか。年長クラスと想定して，あいさつの言葉を考えて書いてみましょう。できたら実際に練習してみましょう。

3 敬語の使い方

　敬語は，話し相手や話題の中の人物に対して，尊敬の気持ちを表す言葉です。敬語は奈良時代，平安時代に宮廷社会の中で，たくさんの階級の人々の秩序を保つために発達しました。

　その伝統を受けて，日本では現代社会においても敬語が使われています。職場では組織で仕事をするので，敬語が正しく使えないと一人前の社会人として認めてもらえません。保護者から信頼を得るためにも敬語を正しく使うことが大切です。

（1）敬語の種類

　2007年（平成19年）2月に文化審議会答申として出された「敬語の指針」では，敬語は五種類に分けられていますが，ここでは複雑さを避け，実用性を重視して三種類にまとめて学びます。

① 尊敬語

　尊敬語とは，相手や第三者を立てて述べる敬語です。「立てる」とは「言葉の上で相手を高く位置づけて述べる」ことをいいます。

　動詞では，主語は相手になり，主に次の三通りがあります。

1）「れる・られる」を付ける形　　例　お客様が帰られる。
2）「お（ご）～になる」　　例　お客様がお帰りになる。　お客様がご利用になる。
3）特別な言い方　　例　お客様が来る。→　お客様がいらっしゃる。

② 謙譲語

　謙譲語とは，自分や身内にかかわることをへりくだって述べる敬語です。「へりくだる」とは「言葉の上で自分を低く位置づけて述べる」ことをいいます。

　動詞では，主語は自分や自分の身内になり，主に次の二通りがあります。

1）「お（ご）～する（いたす・申し上げる）」
　　　例　私がご報告する。（ご報告いたす・ご報告申し上げる）
　　　※通常は「～する」を用い，「～いたす」「～申し上げる」まで丁寧にしなくてもよいとされる。

2）特別な言い方
　　　例　父が見る。→父が拝見する。
　　　※父親・母親や自分の職場の園長・社長は，直接その人に言う場合は尊敬語ですが，外部の人に言うときは身内として謙譲語を用います。
　　　　　例　すぐに園長がそちらへ参ります。

③ 丁寧語

　丁寧語とは，相手に対して丁寧に述べる敬語です。文末に「です・ます・ございま

す」，語頭に「お」「ご」を用います。

例　きれいな景色です。／私が持ちます。／ありがとうございます。

練習 8　「お」か「ご」をつけて丁寧語にしましょう。

（　）荷物／（　）欠席／（　）飲み物／（　）注文／（　）返答
（　）職業／（　）在宅／（　）知らせ／（　）馳走／（　）品書き

尊敬語・謙譲語の特別な言い方は，下の敬語動詞一覧表を覚えておくと便利です。

普通の表現	尊敬語	謙譲語
する	なさる	いたす
言う・話す	おっしゃる	申す・申し上げる
見る	ご覧になる	拝見する
食べる・飲む	召し上がる	いただく
行く・来る	いらっしゃる	参る・伺う
いる	いらっしゃる	おる

（2）次の言い方に気をつけよう

① 丁寧さに欠ける言い方に注意しよう

✗今から行ってもいいですか。　〇今からお宅にお伺いしてもよろしいでしょうか。
✗了解しました。　　　　　　　〇承知しました。

② 「バイト敬語」に注意しよう

✗書類のほう，できました。　＊「〜のほう」　〇書類ができあがりました。
✗出張に行かさせてください。　＊「さ入れ表現」　〇出張に行かせてください。

③ 誤った尊敬語・謙譲語に注意しよう

✗園長先生，ご苦労様でした。　〇園長先生，お疲れ様でした。
✗研修主任の先生はおられますか。　〇研修主任の先生はいらっしゃいますか。

④ 保護者・外部に対しての言い方に注意しよう

✗園長先生はいらっしゃいません。　〇園長はおりません。
✗田中先生は今日はお休みです。　〇田中は本日休んでおります。

⑤ なれなれしい言葉遣いに注意しよう

✗別に，私がやってもいいですよ。　〇私がお引き受けいたします。
✗それって，まずくないですか。　〇それはよくないと思います。

⑥ 職場では幼稚な独り言はやめよう

✗うわ，はやっ。　✗マジ，焦った。　✗キッツー。　✗無理っぽい。　✗うざっ。

話し方・聞き方の基本

　社会生活で必要なのは,「論理的に話す・聞く力」です。これは仲のよい少人数での日常のおしゃべりとは根本的に異なります。日常のおしゃべりは,思いついたことを自由に言葉にし,それを受けて次の人がまた思いついた言葉を発する,という具合に,話題が連想的につながって変化しながら多くの情報交換がなされます。それはそれで,価値があります。

　しかし,「論理的に話す・聞く」場合には,正確かつ簡潔で,不特定多数の誰にでも分かりやすいことが必要です。

　公的な言語と私的な言語を意識して使い分けましょう。基本的に敬語を使います。

(1) 話し方の基本

　　　保育の現場では,主に次の場面で「論理的に話す」ことが必要になります。
　① 子どもへの指示
　　簡潔で短く,キーワードが明確な指示が必要です。詳しく説明するとその分言葉の量が増え,子どもにとって難しくなります。また,子どもの発達段階を考え,一番分かりやすいレベルの言葉を選ぶ必要があります。日頃から相手に応じた効果的な言葉選びを心がけましょう。
　　保育者が大きな声を出すと,子どもたちが落ち着かなくなります。静かに無駄のない話し方をすると,教室全体も落ち着いた雰囲気になります。
　② 保護者との情報交換
　　朝の登園や帰りのお迎えのときなど,大事な情報交換が行われることがあります。こちらから伝えたいことがあれば,送迎時の立ち話が有効か,改めて電話や訪問で伝えるべき内容かよく見きわめましょう。
　　また,保護者から思いがけず重要な情報が提供されたり答えられない質問があったりした場合は,自分だけの判断で話を進めることなく必ず同僚や上司に報告して対応しましょう。安易な応答が大きな問題に発展することもあります。
　③ 同僚や上司との打ち合わせ
　　会議や仕事上の相談は共通理解を深める上でとても大切ですが,短時間を心がけます。同僚や上司と共有すべき情報は何かを常に意識しておきましょう。また,会議や打ち合わせで自分が話す場合は,プライバシーに配慮して,簡潔に分かりやすく内容をまとめてから話しましょう。その場で思いつくままに話すと失言を招くだけでなく,長くて分かりにくい話になり,周りに迷惑をかけます。

練習 9 1分間で近況報告をしましょう。(時間内で簡潔に話す訓練。「アルバイト」「授業内容」「週末の出来事」などを題材にするとよい。)

　聞きやすいスピードは，1分間に350～400字程度です。繰り返し練習して，原稿やメモがなくても，ちょうどよい長さで具体例を入れつつ分かりやすく話せるようにしましょう。この訓練をしておくと，お迎えのときに保護者から「今日のうちの子の様子はどうでしたか。」などと突然聞かれた場合にも，すぐに考えをまとめて適切な返事をすることができます。このような質問に答えられなかったり要領を得ないことを長々と話したりすると，保護者に「この先生は一人ひとりをよく見てくれていないんじゃないか。」という不信感を与えます。

練習 10 一週間，日記をつけてみましょう。(現実を言語化してとらえる訓練)
例 (200字程度)

> 10月12日(水)晴れ
> 　今日は大学の授業が3コマあった。「国語」「保育実習指導」「発達心理学」だ。いつも通り朝7時に家を出て，7時35分の電車に乗ったが，車両点検のため途中の清水駅で30分ほど停車した。大学に着いたのは9時15分で，1限の「国語」の授業は始まっていた。電車の遅延証明を先生に渡し，席に着いた。他にも5人遅れた。不測の事態に備え，今後はもう1本早い電車にするべきだと思った。(177字)

　日記は，現実を言語化してとらえる訓練に有効です。これができれば，送迎の時などにも保護者に子どもの様子を上手に伝えることができます。できれば続けて日記を書いてみましょう。日記には，ただ気持ちを書き連ねても後で読み返したときに何のことか分かりません。具体的な事実を中心に書き，それに対する短い考察をセットで書いておくのがよい書き方です。上の例文では，最後の一文が考察です。

(2) 聞き方の基本

　社会生活における「聞き方」で特に重要とされるのは，次の2点です。
① **キーワードを聞き取り，メモする能力**
　保育の現場では，子ども・保護者・同僚・外部などからたくさんの情報が短時間に入ってきます。その要点を短いキーワードで聞き取り，メモする言葉の力が必要です。大切な情報は書き留める習慣をつけましょう。
② **コミュニケーション能力**
　就職試験のグループ面接で，面接官は話し手より聞き手の様子を観察するそうです。人の話を真剣に聞く態度がコミュニケーションの基本であり，共に働く仲間を決める上で重要な要素だということです。相手の目を見てうなずきながら聞く態度や，メモを取りながら真剣に聞く態度も日々の訓練で身につく技術です。

II "話す・聞く"
実践編

1 自己紹介の仕方

　自己紹介とは，自分のことを相手に知ってもらうために行うもので，話し言葉によるのが一般的です。人間関係の始まりには，学校生活でも社会生活でもほぼ例外なく取り入れられており，その後の関係を左右する重要な言語活動です。

　初めての相手に長々と詳しく説明してもほとんど記憶に残りません。それよりも，自己紹介をする相手に自分の何を知ってほしいのかをよく考え，一つか二つに厳選した上で，明確なキーワードを入れて話すのが効果的です。

　場面に応じた自己紹介の例とポイントを示します。自分でも練習してみましょう。

(1) 短い顔合わせの自己紹介（実習の事前打ち合わせでの自己紹介の例）

> 　はじめまして。○○大学保育学部3年の山田太郎と申します。10月15日から27日までの2週間，こちらで幼稚園教育実習をさせていただきます。お忙しいところご迷惑をおかけしますが，精一杯がんばりますのでよろしくお願いいたします。

〈ポイント〉　①学校名・学年・氏名は特にはっきり，ゆっくり言う。
　　　　　　②自分についての詳しい説明は聞かれたら答える。

練習 1　二人組（園長役と自分）になり，自分の場合に当てはめて練習しましょう。

(2) 実習初日の先生方への自己紹介

> 　○○短期大学保育科2年の佐藤花子と申します。今日から2週間，こちらで保育実習をさせていただきます。私は大学のダンス部に所属していて体を動かすことが好きなので，子どもたちとの活動の中でも生かすことができればと考えています。いたらないところが多く，先生方にはお忙しいところご迷惑をおかけしますが，精一杯がんばりますのでよろしくご指導の程お願いいたします。

〈ポイント〉　①下を向かずに，その場の先生方全員に自分の顔が見えるように話す。
　　　　　　②何か一つ聞き手の印象に残る自分の特徴を入れて話す。
　　　　　　③はじめと終わりに丁寧にお辞儀をする。

練習 2　二人組（先生役と自分）になり，自分の場合に当てはめて練習しましょう。

(3) 子どもと初めて会ったときの自己紹介

> 皆さん，おはようございます。幼稚園の先生になるための勉強に来ました。今日から3週間，皆さんと一緒に楽しく遊びたいと思います。先生の名前は，鈴木理恵と言います。「理恵」の「り」は「りんご」の「り」，「理恵」の「え」は「遠足」の「え」です。「りえ先生」と呼んでください。先生はドラえもんが大好きです。よろしくお願いします。

〈ポイント〉　①明るく笑顔で，全員の顔を見ながら，丁寧語（です・ます）で話す。
　　　　　　②エプロンに名前のアップリケをつけるなどの見える工夫が大事。
　　　　　　③明るい色の服装が望ましい。
　　　　　　④子どものよく知っていることから何か一つ自分の特徴を紹介する。

練習 3　二人組（子ども役と自分）になり，自分の場合に当てはめて練習しましょう。

(4) 年度始めの保護者会での自己紹介

> 皆さん，こんにちは。本日はお忙しい中，保護者懇談会にご参加いただき，ありがとうございます。今年度たんぽぽ組の担任になりました佐藤花子と申します。今年3月に大学を卒業し，4月からこのすみれ幼稚園に勤務することになりました。高校まで吹奏楽部に所属しており，楽器の演奏が好きです。
> 　これまで学んできたことを生かし，園長や同僚と協力して，子どもたちが元気に楽しく幼稚園で生活できるように精一杯がんばりたいと思います。まだ未熟者でいたらない点も多いと存じますが，保護者の皆様のご協力とご指導をどうぞよろしくお願いいたします。

〈ポイント〉　①初対面では，髪型・服装など見た目の印象も大事なので留意する。
　　　　　　②常識的なきちんとしたあいさつをすることで保護者は安心する。
　　　　　　③一つか二つ，自分の特徴を入れて話すと印象に残りやすい。
　　　　　　④前日までに原稿を書き，先輩の保育者に聞いてもらって指導を受ける。

練習 4　二人組（保護者役と自分）になり，自分の場合に当てはめて練習しましょう。

　自己紹介のために，日頃から自分の特徴やアピールポイントをまとめて整理しておき，それをもとにその場の状況にあった内容を組み立てるようにしましょう。

2 実習先との話し方

現場実習は保育者になるための大切な実践的学習です。実習での体験はその後の自分の進路にも大きく影響します。園長や職員の方々とよい人間関係を保ち，実習をスムーズに行うために，話し方では次のようなことに気をつけましょう。

(1) アポの取り方

【電話をかける前に】

実習先（実習候補先）が決まったらまずは電話でアポ（アポイントメント＝面会等の約束・予約）を取ります。この電話をかける前には，次の準備が必要です。

① できれば周囲に雑音のない固定電話が好ましい。携帯電話の場合は，途中で切れると失礼になるので，充電・電波状況を確認し，静かな場所からかける。

② 自分が伝える内容や質問事項を箇条書きでメモし，答えを記入できるスペースをあけておく。（筆記用具は手元に用意しておくこと。）

③ 電話をかけるタイミングを相手の立場になって考える。
　1）直前の電話は失礼。訪問したい1か月くらい前に電話でアポを取るとよい。
　2）登園や降園の時間帯は避ける。一般には，10～11時，13～16時が望ましい。
　3）土曜日は園長不在の場合も多いので避ける。

④ オリエンテーションの日時を決めるため，自分の予定表を手元に準備する。

⑤ 事前に友達や家族を相手に練習しておく。（話す内容の詳細は後述。）

【電話をかける】

準備ができたらいよいよ電話をかけます。全体の流れは次のようになります。

① まず，学校・学部（学科）名・学年・氏名（フルネーム）をはっきりと伝える。

② 次に実習の件で電話したこと，園長か実習担当者に取り次いでほしいことを伝える。（それ以外の人だと情報が混乱するので，不在の時はかけ直す。）

③ 用件をはっきりと聞き取りやすい声で話し，必要なことはメモをする。

④ 訪問日時を再度確認し，丁寧にお礼を言って相手より後に電話を切る。

【実際の電話でのやりとりの例】

> わたくしは○○短期大学保育学部2年の佐藤花子と申します。お忙しいところ恐れ入ります。本日は実習の件でお電話させていただきました。園長先生（または実習担当の先生）はいらっしゃいますか。
>
> 〈相手がいた場合〉
> わたくしは○○短期大学保育学部2年の佐藤花子と申します。お忙しいところ恐れ入ります。保育士資格取得のための実習の件でお電話させていただきました。
> ① 実習受け入れの内諾を得ている場合
> 　この度は10月15日から27日の実習を受け入れていただき，ありがとうございまし

た。つきましては，実習前に一度訪問してご相談したいのですが，お願いできますでしょうか。…（了承を得たら）…では，いつ頃お伺いしたらよろしいでしょうか。…（園側の都合を優先して日時を決める。アルバイトや私用等の自分の予定は原則断る理由にせず変更する）…この時に持参するものはございますでしょうか。…（あればメモする）…では9月11日火曜日の午後3時にお伺いいたします。失礼ですが，もう一度先生のお名前を教えていただけますか。（園長の場合は不要）…〇〇先生ですね。ありがとうございました。どうぞよろしくお願いいたします。

② 実習受け入れの内諾を得ていない場合

　ぜひそちらのひまわり保育園で実習をさせていただきたいのですが，実習の受け入れはなさっていますか。…（している場合）…10月の受け入れは可能でしょうか。…（可能な場合）…私を実習生としてご検討いただけますか。…（了承を得たら）…一度訪問して詳細をご相談したいのですが，お願いできますでしょうか。…以下上記①に同じ。

〈相手が不在の場合〉

　…（「〇〇はただ今外出しております。」などの返答）…それでは，後ほど改めてお電話させていただきたいと思いますが，いつ頃お電話したらよろしいでしょうか。…（「〇月〇日〇時ごろならいると思います。」などの返答）…承知いたしました。それでは，〇月〇日〇時ごろにまたお電話させていただきます。失礼いたします。

※目上の相手に「了解いたしました」は失礼。「承知いたしました」を使う。

練習 5 二人組（園側役と自分）になって，自分の場合に当てはめて練習しましょう。

(2) オリエンテーションでの話し方

　1時間から30分程度早く園の近くまで着いているようにします。その後，約束の時間より5分から10分早く園を訪ねます。受付窓口で「こんにちは。わたくしは〇〇短期大学保育学部2年の佐藤花子と申します。本日は実習の事前打ち合わせのために参りました。」と声をかけます。上靴を持参します。脱いだ靴はきちんとそろえ，案内にしたがって進みます。連絡・質問事項を事前にメモしておきます。打ち合わせで決めた内容は必ずメモします。終わったら，「本日はお忙しいところお時間を割いていただき，ありがとうございました。今後ともよろしくお願いいたします。」とあいさつをして帰ります。

(3) 実習中の話し方

　職員や保護者に対しては敬語を使います。分からないことは進んで質問し，許可があればメモをとります。子どもに対しても手本となる正しい言葉遣いで話します。就職についての希望を聞かれた場合は，その園への就職を希望していればそれを伝え，そうでない場合は，「今，考えているところです。」と答えておくのが無難です。

3 保育現場での話し方

子どもの言語表現力を高めるには、よいお手本をたくさん聞かせることが大切です。環境によっては、途中のステップが抜けてしまう子どももいます。幼稚園や保育園の先生になったら、そのことを共感的に理解し、どこが抜けているか観察して、叱らずに優しく、抜けた部分を補ってあげるようにしましょう。

(1) 子どもへの話し方

① 言葉の発達

長谷川祥子氏は、「乳幼児期からの言語能力の発達過程には、四つの壁がある。」(長谷川祥子『論理的思考力を育てる授業の開発 中学校編』明治図書、2003、pp.10-16) と述べています。

1)「1歳の壁」(意味ある単語)

「1歳の壁」は1歳前後の喃語から片言の言葉を言い始める時期に出現します。意味ある単語を数多く獲得するには、親しい人からの数多くの言葉がけが有効です。

2)「3歳の壁」(基本的な文による日常会話)

「3歳の壁」が出現するのは、3歳から5歳です。この時期の子どもは「どうして」や「なんで」という問いかけをよく行います。これは物事の関連を確認したいという知的欲求の表れです。めんどうがらずに、大人の言葉で正確に答えてあげることで、「文」という論理的なつながりで思考できるようになります。

3)「9歳の壁」(事実と感想の区別)

「9歳の壁」が出現するのは、7歳から9歳です。この時期の子どもは、植物や動物を観察して記録と感想とを書き分けるなど、事実を根拠にして感想や意見を言えるようになってきます。

4)「12歳の壁」(主張と根拠を関連)

「12歳の壁」が出現するのは、11歳から15歳です。この時期の子どもは、囲碁や将棋、オセロ、トランプなど、ルールにしたがって勝敗を決めるゲームを好んで行うようになり、より広範囲に通じる論理展開ができるようになってきます。

② 上手な言葉のかけ方

1) 肯定的な言葉がけをする

「走ってはだめ。」「列が曲がっている。」などの否定的な言葉がけでなく、「前の人の歩いた足の上を静かに歩きましょう。」などの具体的で、肯定的な言葉がけが効果的です。否定的な言葉がけが続くと、子どもは「自分は先生に嫌われている」と感じて自信をなくしたり、反抗的になったりします。

2) 名前を呼んでから声をかける

「○○さん、おはよう。」「○○ちゃん、ありがとう。」のように、はじめに名前をつ

けて声をかけると，子どもはとてもうれしい気持ちになります。
3）ほめてから注意する
　何か注意したいことがあったときは，いいことをほめてから注意します。「あなたのことが嫌いなわけではない」ということをはっきり示す姿勢が大切なのです。（例「○○さん，走るのが速いね。ここは危ないから向こうの広い所で走ろうね。」）
4）途中でもほめる
　「お片づけをがんばっているから，終わったらほめてあげよう」と思っていると，持っていたおもちゃで隣の子をたたいて泣かせてしまい，結局ほめることができません。よい行動を見つけたら，途中でもすぐにほめてあげましょう。それが励みになって，最後までがんばれることが多くなります。
5）短く簡潔に指示する
　短い簡単な言葉でほめたり注意したりしましょう。長いお説教や「何度言ったら分かるの。」などの決まり文句は，先生の自己満足で，「百害あって一利なし」です。

③　自己表現をたくさんさせる
　子どもは，みんなの前で話すのが大好きです。はじめに話し方の型を示し，その通りできたらほめてあげましょう。その時は言えなくても無理強いしないで，次の機会を待ちます。自分流の言い方で話した子には，その工夫をほめてあげます。自己紹介や行事の感想など，話す機会をたくさん作って，自己表現を楽しんでできる子に育てましょう。（4月の始めに全員自己紹介，自分で作った粘土の作品を紹介，運動会でがんばったことを紹介など）

練習 6　10人程度のグループを作って自己紹介をしましょう。

私の名前は（　　　　　　　　　　）です。
私は（　　　　　　　　　　　　　　　　　　　　　）。
よろしくお願いします。

※前の人の言ったことを繰り返してから自分の紹介をする「リレー自己紹介」もお勧めです。（例「サッカーが得意な山田太郎さんの次の佐藤花子です。好きな教科は理科です。よろしくお願いします。」）
※自己紹介後，一人ひとりのキーワードを当てさせるのもよい学習です。（例　「太郎さんは？」→「サッカー」,「花子さんは？」→「理科」など）

(2) 保護者との話し方

① 保護者との関係を築く

最近「保護者対応」という言葉をよく聞きます。この言葉からは，義務的，対立的な響きを感じます。保護者に対してあまり身構えずに，安心して話ができる関係を心がけましょう。協力的な関係を築くための大切なポイントが二つあります。

1）同じ目的をもつ仲間同士であることを確認する

保護者と保育者は，時には考え方や意見が異なることもありますが，同じ目的をもつ仲間であることを常に確認しましょう。その目的は「子どものよりよい成長」です。感情的になると，一番大切なことを忘れてしまうことがあります。意見が分かれたときには，「〇〇ちゃんのためにどうしたらよいか一緒に考えましょう。ご協力をお願いします。」と自分から声をかけて歩み寄ることが大切です。

2）保護者を丸ごと認めることからスタートする

子育ての主役は保護者です。保育者はそれをサポートする役目です。家庭にはいろいろな事情があり，保護者も子どもも望むと望まざるとにかかわらずそれを背負って生活しています。教科書で学んだような理想的な環境の方が珍しいのです。保育者は，「子育てはこうあるべき」という理想の姿を求めがちですが，保護者を追い詰めることになる場合もあります。まずは，現状の保護者の努力や苦労，長所や短所を丸ごと受け止めて，「自分はお父さんやお母さんの味方です。」という気持ちを前面に出して，保護者が求めている支援ができるように努力しましょう。

② 保護者との話し方の基本

言葉は最も有効なコミュニケーションの手段です。次の基本を守り，保護者とのよりよい関係を築きましょう。

1）笑顔で明るく話す

保護者に限らず，誰にでも，相手をよく見て，いつも明るい笑顔を忘れずに会話しましょう。

2）どの保護者へも公平にあいさつや言葉がけをする

保護者の中には話し好きな人もいるし，自分からはほとんど話さない人もいます。相手の態度にかかわらず，公平に，自分から進んであいさつや言葉がけをしましょう。特定の保護者とばかり親密に話したり，返事が返ってこないからといって話しかけなかったりすることはよくありません。

3）聞くことを優先する

子育て中の保護者は多かれ少なかれ，不安やストレスを抱えています。保護者が話し始めたらうなずきながら真剣に耳を傾けましょう。立派な解決策や気の利いた助言が言えなくても，自分の話を親身になって聞いてくれる人がいるということが，大きな助けになる場合も多いのです。

4）プライバシーを尊重する

　保護者が心を開いて話すには，プライバシーが守られるという安心感が必要です。保護者から聞いた話は，原則として自分のところで止めておきます。他の保護者はもちろん，同僚や自分の家族であっても，情報を漏らすことは保護者からの信頼を失うだけでなく，守秘義務違反となります。

5）公的な立場を守り，丁寧な言葉遣いで話す

　保護者と親しくなるにしたがって，友達同士のような馴れ馴れしい話し方になる保育者がいます。それが保護者と仲のよいことだと勘違いしているのです。少し周りに気を配れば，周囲の人（保護者や同僚）が快く思っていないことが分かります。「親しき仲にも礼儀あり」を心がけることが全体の信頼を得ることにつながります。

③　こんな場合はどうしたらよいか

1）園で子どもがけがをしたことを伝える場合

　保育中のけがは，十分注意していても起きてしまうことがあります。応急処置，園長・医師・保護者への連絡など必要に応じて落ち着いて対応しましょう。安心させようとして「軽いけが」や「たいしたことはないから大丈夫」などと説明すると，保護者に不快感を与えます。事実を正確に伝え，「ご心配をおかけして申し訳ありません。」とお詫びをしましょう。また，アフターケアとして「その後，お子様の様子はいかがですか。」などの言葉がけも大切です。

2）自分では答えられないことを質問された場合

　保護者からの質問や要望によっては，自分の判断では答えられないこともあります。園全体にかかわることや自分が知らないことなどについては，まずは相手の話をよく聞いて，「申し訳ありませんが，その件については今すぐお答えすることができませんので，よく確認して後ほどご連絡させていただきます。」と答えましょう。その後，すぐに責任者に聞くなどして，できるだけ早く返事をしましょう。

3）クレームがきた場合

　子どものけんかやけがに過敏に反応する保護者もいます。お便りが一枚届かないだけでも苦情の電話や連絡帳が来ることもあります。「こんなことで…」と思わずに，まずは相手の話をよく聞きましょう。それだけで気持ちが落ち着く場合もあります。反論がある場合でも，相手の話を途中で遮るのはよくありません。とにかく最後まで，相手の話を聞きましょう。その上で，情報を知らせてくれたことについてお礼を言い，誤解があれば穏やかに訂正します。自分に非がある場合は誠意をもって謝りましょう。あれこれ言い訳をすると逆効果になることがあります。大切なのは言い合いに勝つことではなく，保護者と仲よくなることです。

　「困った保護者」は，実は「困っている保護者」であることが多いのです。仕事や家事，育児で忙しく，そのストレスやイライラが保育者に向けられる場合もあります。よく話を聞き，クレームの真の原因は何かを見極めて落ち着いて対応しましょう。

4）保護者同士のトラブルを相談された場合

　保護者同士のトラブルには基本的には保育者は介入しません。しかし，相談を持ちかけられれば聞かないわけにもいきません。どちらに味方することもなく，中立な立場で誠意をもって話を聞きましょう。ただし，話し合いの場を設定したり，仲裁したりしてはいけません。

　話を聞いた後は「ご事情はよく分かりました。ただ，申し訳ありませんが，この件に関しては園や担任が口出しすることではないので，お子さんたちのためにもおうちの方同士でよく話し合っていただくのがよいと思います。お子さんたちは園で仲よく遊んでいますから安心してください。」などと，自分たちでの解決をうながします。クラス経営に支障が生じる場合は，主任や園長に相談しましょう。

5）プライベートなことを質問された場合

　他人の情報について，いろいろと知りたがる保護者もいます。同僚の保育者や他の子・保護者の情報を勝手に知らせるとプライバシーの侵害になります。また，予想外の迷惑をかけることもあります。「どうなんでしょうね。」とさりげなく受け流すか，または「それは私から言うことはできないんです。お役に立てずすみません。」などと，柔らかい言葉で，しかしきっぱりと断りましょう。

　自分についても，プライベートなことまで教える必要はありません。「年齢は？」「恋人はいるの？」などの質問には「ご想像にお任せします。」と笑顔で対応しましょう。個人のメールアドレスや電話番号は仕事上では使いません。保護者に知らせてもよいことは，クラス便りなどで全体に知らせるとよいでしょう。

6）うわさ話や他の保護者・同僚の批判についての意見を求められた場合

　「隣のクラスの〇〇先生，結婚するんですか。」「〇〇君，お引っ越しみたいですね。」などのうわさ話は「そうなんですか。」とか「お話を聞かせていただいてありがとうございました。」などとだけ答え，肯定も否定もしないのが一番です。

　また，「〇〇君のお母さん，いつも時間に遅れるんです。先生も困るでしょう。」とか「〇〇先生はあまりほめてくれないんです。先生もそう思うでしょ。」など，他の保護者や同僚の批判に同意を求められる場合もあります。相手の話にうっかりうなずいただけでも，「うちの担任の先生が〇〇先生のことを厳しすぎる，と言っていた。」と広めたがる人もいます。自分が悪口を言っているとは思われたくないけれど，黙ってもいられない人です。悪口への相づちは，しないようにしましょう。

④　家庭訪問での話し方

　新学期が始まって一段落した5月頃や夏休みなどに，一家庭15分から20分くらいで家庭訪問を行う園が多いようです。子どもの生活環境を知ることは，子どもを理解するためのよい機会です。短い時間を有効に使うために，主な手順を示します。

　　ⅰ　「こんにちは。太郎君の担任の〇〇です。」などと笑顔であいさつをする。
　　ⅱ　案内された場所で，改めて「今日はお忙しいところお時間を作っていただき，ありがとうございます。」とお礼を言い，本題に入る。

iii 「太郎君は,園ではお友達と仲よく過ごしていますが,おうちでの様子はいかがですか。」など,明るい話題を簡単に報告した後,保護者に話す機会を回す。

iv 保護者に話があれば,それをよく聞く。聞くが7〜8割でもよい。

v 保護者の話が長引くときは,切りのいいところで「次の予定がありますので,続きはまた後日聞かせてください。」と区切る。

vi 保護者の話が終わったら,園でのよい報告を二つか三つする。(事前に用意)

vii 話したいことや聞きたいことは,忘れないように事前に書き出しておく。

viii 「今日は貴重なお時間をありがとうございました。今後ともよろしくお願いいたします。」などと,丁寧にお礼を言って帰る。

ix その日のうちに情報を記録する。(特別な時以外は,訪問中にメモはしない)

練習 7 二人組(保護者役と自分)になり,家庭訪問での会話の練習をしましょう。

⑤ 個人面談での話し方

個人面談では次の点に配慮しましょう。

i 保育の専門用語や難しい言葉は使わず,相手に応じた分かりやすい言葉で話す。

ii 子どもの園での様子を伝える。(事前に用意しておく)

iii 保護者の話を聞く。

iv 子どものよいところを,具体的なエピソードを交えて知らせる。

v 短所や問題行動を伝える場合は,よい報告(二つか三つ)の後に付け加える。

vi プラスの表現を使う。例　✗乱暴な子→〇活発な子,✗消極的→〇控え目

⑥ 保護者懇談会での話し方

年度始めの懇談会では,明るいあいさつ,簡単な自己紹介,クラスの目標などを2,3分で簡潔に話しましょう。大勢の前で話すのは緊張するので,事前に原稿を書いて先輩に見てもらいましょう。失言は取り消すことができません。一度悪い印象をもたれると,その後,イメージを好転させるまで時間がかかります。

練習 8 4月の始めに,担任として保護者全体へあいさつをします。どのようなことを話したらいいか考えて,練習してみましょう。(2分=800字程度でまとめる。)

> 皆さんこんにちは。もも組の担任となりました佐藤花子です。本日はお忙しいところお集まりいただき,ありがとうございます。……
> ……一年間,どうぞよろしくお願いいたします。

（3）外部の方との話し方

① 電話での対応

　電話は相手の顔が見えません。言葉と声だけでコミュニケーションを行うことになります。誤解や不愉快な思いを防ぐためには，面と向かって話すとき以上に配慮が必要となります。基本的に次のことに気をつけましょう。

1）明るい声で話す

　普通の声は，電話では不機嫌な印象を与えます。「明るく爽やかに」を意識しましょう。ただし，甲高い声や大声は耳障りで不快な印象を与えます。

2）ゆっくり話す

　自分の言葉を確実に伝えるために，普通よりゆっくり話すようにしましょう。大事なポイントは特にゆっくり，明瞭な発音で伝えます。

3）なるべく早く電話に出る

　企業では，電話のコールは3回までが基本だと言われます。それ以上待たせた場合は「お待たせいたしました。」の一言を付け加えるとよいでしょう。

4）身内に敬称はつけない

　「園長先生は，外出していらっしゃいます。」のような身内に対する敬語は相手に失礼になります。「園長は，外出しております。」が正しい言い方です。一人の対応によって園全体の常識が疑われ，信用を失うので気をつけましょう。

5）相づちを打ちながら聞く

　黙って聞いていると，相手は本当に伝わっているのか不安になります。適度なタイミングで「はい。」「そうですね。」「分かりました。」などの相づちを打ちながら聞きましょう。聞き取れない場合は「申し訳ございませんがもう一度お願いします。」と聞き返すことも，正確な情報の伝達のためには必要なことです。

6）姿勢をよくして話す

　電話中の姿勢や態度は相手には見えませんが，声の調子として伝わってしまうものです。見えなくても姿勢を正し，相手への敬意を払って対応しましょう。その誠意ある態度は自然と相手にも伝わり，電話での円滑なコミュニケーションに役立ちます。

7）電話を切るときは静かに受話器を置く

　丁寧に対応しても，受話器を乱暴に「ガチャン」と置いたのではそれまでのさまざまな配慮が台無しになってしまいます。最後まで丁寧に対応しましょう。なお，原則として，電話をかけた方から先に切ります。ただし，相手が目上の人の場合は，その人が切るのを待ってから切ることもあります。

　以上の基本的なポイントを踏まえ，進んで実践しましょう。「電話を取るのは新人の自分の仕事」という気持ちで取り組むと，対応が上達するだけでなく同僚や先輩への印象もよくなります。

練習 9 実際の電話のやり取りの例を示します。二人組になり，役割を交代しながら練習しましょう。

> （コール4回目で出たと想定する）
> A：はい，お待たせいたしました。すみれ幼稚園の山田です。
> B：こんにちは。ひまわり保育園の佐藤と申しますが，高橋先生はいらっしゃいますか。
> A：主任の高橋はあいにく外出しております。10時頃には戻る予定ですが，よろしければ代わりにご用件をおうかがいいたしましょうか。
> B：それではお忙しいところ申し訳ありませんが，伝言をお願いいたします。「明日の研修会の始まる時刻が午後3時に変更になりました。」とお伝えください。
> A：はい，承知いたしました。「明日の研修会の始まる時刻が午後3時に変更になった」ということですね。確かに高橋に申し伝えます。
> B：ありがとうございます。お手数をおかけいたしますが，よろしくお願いいたします。失礼いたしました。
> A：こちらこそ，ご連絡ありがとうございました。失礼いたします。
> （電話をかけたBから先に切る）

② こんなことにも注意しよう

1）電話をかけるときも受けるときもメモ用紙をそばに置く

仕事の電話では重要な情報がやり取りされます。記憶だけに頼ることはミスにつながります。電話の横にはメモ用紙を準備しておきましょう。また，自分で電話をかけるときにも，必ずメモ用紙を用意します。

2）留守番電話への対応

場合によっては留守番電話になることもあります。慌てて「ガチャン」と電話を切るのは失礼です。簡単な内容なら留守電に伝え，そうでない場合は「ひまわり保育園の佐藤です。後ほどまたお電話いたします。」と言いましょう。いずれの場合も，その日のうちにもう一度電話を入れましょう。

3）電話をかける時間帯

登園・降園・昼食などの忙しい時間帯には他園への電話は控えましょう。また，長電話は迷惑です。長くても5分以内に終わらせましょう。

③ 来客への対応

　幼稚園や保育園は来客の多いところです。園児の保護者，他園の園長，役所の方，業者の方，実習生の大学の方などたくさんの人が出入りします。基本的には受付や職員室で対応しますが，来客の対応は玄関とは限りません。園庭で子どもと遊んでいるときに出会うこともあるし，通りがかりに声をかけられることもあります。職員全員が「受付」係であり，「園の顔」であるという意識をもつことが大切です。

　お客様に直接対応するときには次のことに注意しましょう。

1）手を止めて，笑顔であいさつする

　来客があったら，仕事中でも手を止めて，立って笑顔で「こんにちは。」とあいさつをしましょう。

2）用件をうかがい，速やかに対応する

　「こんにちは。」「どちら様ですか。」「どのようなご用件でしょうか。」などと声をかけます。「園長先生とお約束があってきました。」などと事前のアポイントがあるお客様に対しては，「少々お待ちください。」と言って，すぐに当事者に伝え，指示を仰ぎます。当事者が不在，またはすぐに面会できないときは「申し訳ございません。ただ今園長は会議中で対応いたしかねます。お見えになったことは伝えておきます。」などと丁寧にお詫びをします。

3）お客様を案内する

　当事者に取り次いだら，すぐに玄関に戻ります。下靴をどこへ置くかを説明し，スリッパなどの上履きをそろえて「どうぞお上がりください。」と促します。お客様におしりを向けないように斜め前を歩くようにして，指示された場所まで案内します。「園長はすぐに参りますので，こちらにおかけになってお待ちください。」と言って，お客様が座ったのを見届けてから退室します。

　突然の訪問者で対応が分からない場合は，主任や先輩に伝え，指示を仰ぎます。

4）お茶をお出しする

　お茶をお出しするときには，部屋に入ったらまず，明るい笑顔で「こんにちは。」「いらっしゃいませ。」などのあいさつをします。話が始まっているときには邪魔にならないように目礼（黙って目であいさつ，お辞儀をすること）します。テーブルにお盆を置き，両手で茶碗を支えてお茶を出します。お客様の方から先に，次に自分の園の職員に出します。

5）お客様を見送る

　お客様が帰るときは，必要に応じて次のような対応をしましょう。

　ⅰ　仕事を止めて，職員室で立ってあいさつをする。
　ⅱ　職員室から玄関まで出て，見送る。
　ⅲ　玄関の外まで出て，お客様が門から出るまで見送る。

練習 10　二人組（お客様役と自分）になり，上の1）〜5）に示したお客様へ対応するときの動作と言葉を練習しましょう。

4 面接〈就職活動〉での話し方

保育者になるための就職試験では，私立でも公立でもほとんど面接があります。人を育てる仕事ですから，人間性を重視するのは当然といえます。

(1) 事前準備

① その園のことをよく調べる

園の歴史，保育方針，目標などは，インターネットでも手軽に調べられます。その園のことをもっとよく知るためには，自主実習に行く方法もあります。その場合は，事前に電話などで受け入れの可否を尋ねましょう。受け入れていただける場合は，相手の都合と自分の希望によって自主実習の日時や期間を決めることになります。自主実習はその園のことを詳しく知るために有効であると同時に，自分の長所や短所も伝わることを自覚して臨みましょう。

② 自分のことをよく知る

就職試験に向けて面接の練習をすることは，自分を見つめ直すよい機会となります。履歴書，自己PR文，面接の質問の答えを考えることをきっかけとして，自分自身の長所，短所，適性，希望などについてじっくり考えましょう。

③ 社会常識を身につける

ニュースや新聞を見て，社会問題に関心をもちましょう。「世界情勢はどう変化しているのか？」「今日本ではどんなことが起きているのか？」「自分の住む地域の特色は何か？」「最近起きた大きな出来事は何か？」など，日々の情報にアンテナを高くしておきます。この準備は，今すぐにでも始めましょう。準備期間をたくさんかけるほど大きな成果が得られます。保育に関する記事は，スクラップして，自分の考えも書いておくとよいでしょう。読書も視野を広げるのに役立ちます。

④ アルバイトをする

アルバイトの経験は，社会勉強として大切です。企業の中には，アルバイトをしたことのない学生は採用しないところもあるそうです。正式に就職する前に，「仕事とは何か」を現場で実践的に学ぶことができます。また，自分にはどのような仕事が適しているのか，いろいろな職種を試してみることもできます。ただし，学校の単位を落とすほど，アルバイトに力を入れてしまっては本末転倒です。学業に支障のない範囲で，安全面を十分考慮してアルバイトに挑戦しましょう。

⑤ 話し方を学ぶ

感じのよい話し方，聞き取りやすい話し方，簡潔で分かりやすい話し方を練習しましょう。録音して自分で聞いてみるのはとてもよい方法です。

⑥ 履歴書・自己 PR 文を書く

　面接官は履歴書や自己 PR 文に書かれたことから多く質問します。面接で質問してほしいこと，自分のよさを伝えられることを書くようにしましょう。早めに作成に取りかかり，添削を受けて何度も修正しましょう。最後には誤字・脱字がないかよく確認します。自分のミスは気づかないことが多いので，他の人にも見てもらいましょう。履歴書や自己 PR 文に書いた内容については，「もう少し詳しく教えてください。」と聞かれることが多いので，さらに具体的な説明ができるように準備しておきましょう。詳しく言えないことは書かない方が無難です。

(2) 面接での話し方

① 明るくはきはきと答える
　相手の顔の辺りを見て，明るく笑顔ではきはきと答えましょう。

② 速やかに答える
　はじめに簡潔に答え，その後で詳しく説明するのがよいでしょう。
　　例　「趣味は何ですか。」「はい，料理です。特にお菓子作りが好きで，アップルパイは家族に評判がよいので月に 2, 3 回は作っています。」

③ 答えが分からないときにも黙り込まない
　質問に答えられないときには「勉強不足で申し訳ありません。これから学んでいきたいと思います。」などと答えましょう。答えられるかどうかよりも，その時の態度が試されています。

練習 11　面接で答えるための準備をしましょう。

① 次の 1) から 8) の内容について，1〜2 文で簡潔に書いてみましょう。

1) 志望動機

2) どんな保育者になりたいか

3) 園の方針についての考え

4）学生時代がんばったこと

5）長所

6）短所　　※仕事に支障のある内容は避ける

7）保育に関する社会問題

8）自己PR

②　さらに，そのうちから一つか二つ選んで，200字程度（話すと30秒くらい）で具体的に書いてみましょう。

③　書いた答えをもとに，二人組（面接官役と自分）で面接の練習をしてみましょう。
（学校での面接練習の他にも，家族や友人同士などで数多く練習を重ねるとよい。）

III "書く"

基本編

1 文字を正しく

ペンを正しく持って美しい文字が書けるのは保育者にとって当たり前なことです。小学校で学んだ鉛筆の持ち方や正しい姿勢を思い出し，現在の自分の様子を見直しましょう。

(1) ペン（鉛筆）の正しい持ち方

　子どもたちは保育者のペンの持ち方をよく見ています。先生のことが好きならなおさら，子どもたちは先生の持ち方のまねをして，ペンや鉛筆を持つようになります。子どもたちが鉛筆を持って書くことに関心を示したら，保育園や幼稚園でも鉛筆を持たせて書く機会が出てきます。だから，保育者になる皆さんも，鉛筆の持ち方を教えることになります。正しい持ち方ができなければ小学校で直せばいいというわけにはいきません。幼児の時に身についた鉛筆の持ち方はなかなか直らず，小学校で文字を書く学習にも大きく影響します。子どもたちを育てる仕事につく自覚をもち，鉛筆の正しい持ち方について考えましょう。

　「正しい姿勢で正しい持ち方で」とよく言われるように，実は，鉛筆の持ち方と姿勢は大きく関係します。正しい持ち方ができないと正しい姿勢は保てず，正しい姿勢でないと正しい持ち方にするのが難しいのです。正しい持ち方で書くと余計な力が入らず，長い時間書いていても疲れずに速く書くことができます。文字も美しく書けるようになるので，ぜひ正しく持って書けるように練習しましょう。

① 正しい姿勢

　正しい姿勢の保ち方については，小学校1年生の教科書に，合言葉のように示されています。

♪足はぺったん
　（両足はかかとまで床につける）
背筋はピン
　（体を曲げない）
おなかも背中もグーひとつ♪
　（椅子に深く座りすぎず，机にもくっつきすぎない）

② 持ち方の手順

1) とがった方をおなかに向けて
   （鉛筆の書ける方を手前に向けて机の上に置く。）

2) 2本でつまんで
   （親指と人差し指でつまみあげる。）

3) くるりーん
   （指で鉛筆を回すようにして親指と人差し指の間に倒す。
    少し斜めにする。）

4) ぱっ
   （中指を鉛筆の下に軽く添える。）

③ 正しい持ち方のチェックポイント

小学校では姿勢と同様，合言葉のように教えています。持ち方を確かめましょう。
♪関節・空間・三角形・紙との角度は60度♪

関節
（鉛筆のじくが第2～第3関節につく）

三角形
（鉛筆のまわりに3本の指で三角形ができている）

空間
（手のひらを少しあける）

（紙との角度は60度）

④ 悪い例

こんな持ち方になっていませんか。

握り書き　　　　　親指突き出し　　　　　逆倒し

(2) 仮名を正しく

① 平仮名

1)「まあ　ぬれておる　わらじを　ふやすなよ」

　何かの暗号ではありません。これは，大学1年生に平仮名の書写を課題に出した際に，書き直しをさせることが多い平仮名です。よくある字形を示しました。

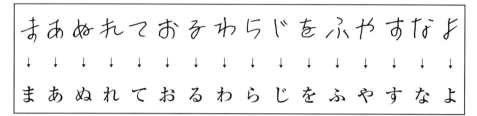

　文章全体の70％が仮名文字だと言われます。だから仮名文字を正しく美しく書くことは，文字全体が美しくなるための近道になります。

　保育者は毎日，手書きで連絡帳を書きます。上に示したような平仮名で書かれた連絡帳を見て，保護者はどう思うでしょうか。このような平仮名しか書けない保育者には，安心して自分の子を託せないとまで思うかもしれません。場合によっては，あまりの読みにくさから，読まずに自分が書きたいことだけを連絡してくることも考えられます。それでは，お互いに，伝えたいことも伝わりません。

　また，実習や就職の際にも，手書きで相手方に文書を送ることが多くなります。

　能力を過小評価されたり，信頼を得られなかったりすることがないように文字を正しく書くことが必要です。

2) 書き方ポイントその1　もとになった漢字を思い出す・むすびは魚かおむすび

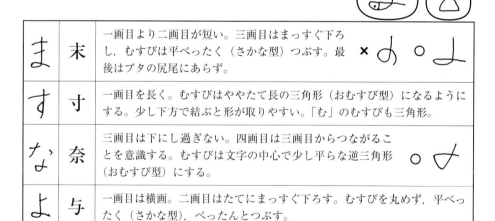

ま	末	一画目より二画目が短い。三画目はまっすぐ下ろし，むすびは平べったく（さかな型）つぶす。最後はブタの尻尾にあらず。	
す	寸	一画目を長く。むすびはややたて長の三角形（おむすび型）になるようにする。少し下方で結ぶと形が取りやすい。「む」のむすびも三角形。	
な	奈	三画目は下にし過ぎない。四画目は三画目からつながることを意識する。むすびは文字の中心で少し平らな逆三角形（おむすび型）にする。	
よ	与	一画目は横画。二画目はたてにまっすぐ下ろす。むすびを丸めず，平べったく（さかな型），ぺったんとつぶす。	

「ぬ，ね，は，ほ」も同様に，平べったく（さかな型）つぶして最後は止めます。「る」は小さなおむすびのように書き，最後を飛び出さないように気をつけます。

3）書き方ポイントその2 「わ，れ」は一画二画が重なる

わ	和	二画目は一画目に重なる。もとの漢字は「和」だから，二画目の「おしり」を高く上げすぎない。
れ	礼	「礼」のように，一画目のたて画に二画目の「行って戻って」の部分が重なる。「わ」より「おしり」が高く，丸くし過ぎない。

4）書き方ポイントその3 「お，ふ，じ，を」の形に注意

お	文字の中心を意識する。二画目がポイント。はじめまっすぐ下ろし，三角にまげて上げていき，くるんと丸めてはらう。
ふ	二画目は一画目と見えない糸でつながっている。二画目には丸みをもたせる。三画目は左上から右下に。
じ	「し」の最後ははらう。上まで持ち上げたり，下で流したりしない。濁点ははらわず止める。濁点の向きに注意する。
を	一画目と二画目で「ち」ができるわけではない。二画目は文字の中心線から出発し，文字の中心線に戻る。

5）平仮名の歴史

　「かな」は，平仮名も片仮名も漢字をもとにしています。表音文字と言われ，原則として音韻を表し，意味を表すことはできません。

　万葉仮名を草書化したものが平仮名です。平安時代以降，平仮名は普通「をんなで（女手）」または単に「かな」と呼ばれました。「女手」と呼ばれたように，和歌を除けば，女性や子どもの世界のものとされ，当時は漢字に比べて一段低いものと考えられていました。日本は，有史以来明治時代まで，文書の大半において中国を模範にしてきたので，中国から伝わった漢字は本物で価値が高く，仮名はそれよりも一段低いものと見なされてきたからです。漢字は本物の意味で「真名」と呼ばれるのに対し，それ以外のものは仮のものとして「仮名（かりな）」と呼ばれました。それが「仮名（かんな）」を経て，「かな」となりました。「ひらがな」と言われるようになったのは，17世紀が最初と言われます。平仮名によって優れた平安女流文学をも生むことにつながりました。

　日本語の表記には平仮名は必要です。日本文化の継承という点でも，正しい形の平仮名を書くことができるように，手本をよく見て練習しましょう。

　「正しく丁寧に」が基本です。

　※資料編に元の漢字と平仮名・片仮名の対応表を示しました（p.98）。

② 片仮名

1)「ミホンヲ ヒトツ シオ モヤセルゾ」

　何かの実験でも手品の練習の言葉でもありません。書き間違いが気になる片仮名です。

ミ ホ ル ヲ ヒ ト ラ リ オ モ ァ セ ル ゾ
↓ ↓ ↓ ↓ ↓ ↓ ↓ ↓ ↓ ↓ ↓ ↓ ↓ ↓ ↓
ミ ホ ン ヲ ヒ ト ツ シ オ モ ヤ セ ル ゾ

　片仮名は簡単に書けるからか、自己流で書いてしまう人が多くいます。小学生の頃、「シとツ」「ソとン」「マとア」「スとヌ」は間違いやすいから注意するように教わったからか、これらの文字は意識して書こうとしている人もいますが、それでも正しく書けない人がいます。「ト」の一画目、「ヤ」の二画目の向きの間違いが多いのも気になります。

　外来語や新語がこれまで以上に多く使われている状況では、片仮名を書く機会は大変多くなっています。子どもたちがテレビでよく見ているキャラクターの名前はたいてい片仮名です。外国から日本に来た家族の名前も、片仮名で書くことが一般的です。「先生、この片仮名書いて。」と言われたとき正しく書いて見せられるように、この機会に正しく書く練習をしましょう。

2) 書き方に注意

ピ	小学校では一画目は左から右に書くように指導することが多い。二画目は「おれ」ではなく、「まがり」なので注意する。「゜」（半濁点）を書く場所を確認する。
オ	二画目は「はね」。三画目ははらう。三画目がどこから出るか、よく見て書く。
シ	「ソ」の二画目、「ツ」の三角目は上からの「はらい」だが、「シ」は「ン」同様に、下から上に向かってはらう。
ヲ	筆順の間違いが多い。一画目、二画目と横棒を書いてから、三画目で上からはらう。

　「ミ」「セ」も速く書こうとして違う形になることがあるので、気をつけましょう。「ホ」の二画目をはねることも曖昧になりがちです。しっかりはねて書きます。

3) 使い方に注意

　片仮名は外来語や外国の地名・人名を書き表すために用います。そのため，外来語や外国の地名・人名等の原音やつづりに近い音を表せるように，もともとの日本語にはない，特別な書き表し方をすることがあります。

バレエ ミイラ	長音は原則として長音符号「ー」を用いて表すが，母音字を添えて書くことがある。他には「ボウリング」「サラダボウル」。キャラクターの名前も，母音字で書く場合がある。
ウィ，ウェ，ウォ	「ウィーン」「ウェディングベル」「ウォーター」等と「ウィ，ウェ，ウォ」を用いて書く一方で，これまでの慣用によって「ウ」を省き，「サンドイッチ」「スイッチ」と書く場合もある。
ファ，フィ，フェ，フォ	これと同様に「ファ，フィ，フェ，フォ」を使って書く言葉があるが，「セロファン」を「セロハン」，「フィルム」を「フイルム」と書くことがある。
ヴァ，ヴィ，ヴ，ヴェ，ヴォ	原音に近づけるとすれば「ヴァイオリン」「ヴィーナス」「ヴィヴァルディ」であるが，一般には「バイオリン」「ビーナス」「ビバルディ」と書くことができる。
ア ヤ	「ピアノ」「フェアプレー」等，イ列，エ列の次の「ア」は原則として「ア」で表すが，「ダイヤモンド」「ダイヤル」等，これまで「ヤ」で書かれていたものは「ヤ」で書くことがある。

※参考文献：三省堂編修所編（2018）『新しい国語表記ハンドブック第八版』三省堂

4) 片仮名の歴史

　片仮名は，平仮名と同様に表音文字です。原則として音韻を表し，それ自体で意味を表すことはありません。

　奈良時代から平安時代にかけて，漢字を訓読するとき振り仮名や送り仮名などを書く目的で創出され，補助的に使用する文字として発達しました。

　漢字を訓読する際に，古くは漢字をそのまま使って振り仮名や送り仮名を書いていましたが，それでは本文との区別がつかなくなったり，振り仮名や送り仮名のための大きなスペースが必要になったりしました。そこで，漢字の一部を使ってその音節を表したことから，片仮名を用いるようになったとされます。

　漢字の一部を使って表したことから，「片仮名」の名がつきました。多くの片仮名は，漢字の一部から成立しましたが，中には，漢字全体から成立した片仮名もあります。

　　例）　之　→　シ　　　千　→　チ　　　八　→　ハ

(3) 漢字を正しく

① 同訓異字・同音異義語

1）同訓異字

同じ読みでも別の漢字を用いることがあります。意味を考えて正しく使えるようにしましょう。保育者がよく使う言葉の例を挙げます。

読み	漢字	用例
あう	合う 会う	気が合う，計算が合う，似合う，待ち合わせ 人と会う，会いたい先生
あげる	上げる 揚げる 挙げる	腕前を上げる，高さを上げる たこを揚げる，てんぷらを揚げる，花火を揚(上)げる 手を挙げる，例を挙げる
あたたかい （あたたまる）	暖かい⇔寒い 温かい⇔冷たい	暖かい部屋，暖かい空気，コタツで暖まる，暖かい色 温かい料理，心温まる話
あつい	暑い 熱い	夏の暑さ，暑い一日 熱いお湯，体が熱い
うつす （うつる）	写す 映す	写真を写す，書き写す スクリーンに映す，影が映る
おさまる （おさめる）	収まる 修まる 治まる	けんかが収まる 学業を修める 痛みが治まる
おりる	降りる 下りる	飛び降りる，バスから降りる 許可が下りる，幕が下りる
つかう	使う 遣う	スコップを使う，時間を使う 気遣い，心遣い，お小遣い
とぶ	飛ぶ 跳ぶ	空を飛ぶ，うわさが飛ぶ 跳び箱，縄跳び
なおす	直す 治す	寝癖を直す，おもちゃを直す，誤りを直す 風邪を治す，けがを治す
まぜる （まざる）	交ぜる 混ぜる	黒い碁石と白い碁石が交ざる，漢字仮名交じり 絵の具を混ぜる，異物が混じる
まるい	丸い 円い	丸太，背中を丸める 手をつないで円くなる
まわり	周り 回り	周りの大人，砂場の周りで遊ぶ 身の回りのこと，首回り，一回り，車輪が回る
わかれる	分かれる 別れる	分かれ道，勝負の分かれ目，意見が分かれる 駅で友達と別れる，別れて暮らす

2）同音異義語

発音が同じで意味が異なる同音異義語も多くあります。間違えると信頼を失うことにもなるので，迷ったら必ず調べましょう。調べるのは恥ずかしいことではありません。

読　み	漢　字	用例（意味）
いし	意思 意志	意思表示が大事，本人の意思 意志が強い
いじょう	異常 異状	異常気象，異常事態，異常に緊張する（↔正常） 体には異状がなかった，見回りの結果異状なし
いどう	移動 異動	車の移動，椅子を移動 人事異動，大阪支店に異動
かいほう	快方 開放 解放	病状が快方に向かう 校庭開放のお知らせ 人質を解放する
かてい	過程 課程	成長過程を見通す 小学校の課程を修了する
かんしん	関心 感心	科学に関心をもつ 善行に感心する
きょうどう	共同 協同	共同で行う，共同作業 協同組合
せいさく	製作 制作	自動車の製作工場，家具の製作（一般的） 卒業制作，壁面制作，どんぐりマラカスの制作（芸術）
せいさん	清算 精算	自分の過去を清算する，借金の清算 駐車料金を精算する
たいけい	体型 体形 隊形	自分の体型を知る（やせ型，肥満型などの場合） 体形に合わせる，体形が崩れる ダンスの途中で隊形を変える
ふよう	不要 不用	不要な支出は控える，不要な争い 不用になった衣類（使わない場合）
ほけん	保険 保健	生命保険，保険をかける 保健室，保健所
ほしょう	保証 保障 補償	身元を保証する，連帯保証人 安全を保障する，社会保障制度 損失を補償する
ようじ	幼児 幼時	幼児期の特徴 幼時体験を振り返る

※参考文献：三省堂編修所編（2018）『新しい国語表記ハンドブック第八版』三省堂

練習 1 次の平仮名を漢字に直しましょう。送り仮名のあるものは送り仮名も書きましょう。

① まわりの友達に励まされて気持ちがおさまってきた。
　　（　　　　　）　　　　　　　　（　　　　　　）

② 園庭をいっしゅうしたとき転んで膝を擦りむいた。その痛みがおさまってきた。
　　　（　　　　　）　　　　　　　　　　　　　　　　（　　　　　　）

③ 花壇のまわりをひとまわりして来る。
　　　（　　　）（　　　　　　）

④ 道子先生と話すうちに，花子さんと理恵さんのけんかはおさまった。
　　　　　　　　　　　　　　　　　　　　　　　　　（　　　　　　）

⑤ 実習生はきしょくまんめんの笑顔だった。
　　　　　（　　　　　　　　）

⑥ なんだかきしょくが悪い。
　　　　　（　　　　　）

⑦ 芝生の公園に行くと，かいほうかんからか皆が一斉に走り出した。
　　　　　　　　　　　（　　　　　　）

⑧ 昨日，太郎君は乳児けんしんを受けるためにお休みだった。
　　　　　　　　　　（　　　　　）

⑨ 午睡の際には部屋のさいこうを調節することが必要だ。
　　　　　　　　　　　（　　　　　）

⑩ 傷口がかのうしないように，手当てが必要だ。
　　　　（　　　　　）

⑪ ひざのかんせつの曲げ伸ばしをする。
　　　　（　　　　）

⑫ 子どもたちは折り紙にかんしんをもったようだ。
　　　　　　　　　　　（　　　　　）

⑬ ようじにはとぶ運動がふようだと，だれが言ったのだろうか。
　　　（　　　　）（　　　　）（　　　　　　）

⑭ 水槽の小いしを全部運ぶといういしが強く，お手伝いをすると手をあげた。
　　　　　（　　　　）　（　　　　）　　　　　　　　（　　　　　）

⑮ 今年度はじめて，5月のはじめから運動会の練習をはじめることになった。
　　　（　　　　　）（　　　　）　　　　　　（　　　　　　）

⑯ かんきがゆるんであたたかくなるが，部屋のかんきをして風邪を予防しよう。
　　（　　　　）（　　　　　　）　　　　　（　　　　）

⑰ 写真にうつった自分の姿を見ると，ようじの思い出がよみがえる。
　　　　（　　　　　）　　　　　（　　　　　）

⑱　年長児は走るのが急にはやくなった。
　　　　　　　　（　　　　　）
⑲　寒くなり，今朝は氷がはった。
　　　　　　　　（　　　　　　）
⑳　自作の切手をはって，郵便やさんごっこをしよう。
　　　　　　　　（　　　　　　）
㉑　子どもたちのせいちょうの様子を記録する。
　　　　　　　　（　　　　　）
㉒　ニンジンの種をまき，せいちょうする様子を観察した。
　　　　　　　　（　　　　　）
㉓　散歩に行き，うつりゆく季節を感じた。
　　　　　　　　（　　　　　　）

② 送り仮名

　漢字は正しく書けても，送り仮名は間違えてしまう人が意外と多くいます．この機会に確認し，正しく書けるようにしましょう．

　日本語の文字の歴史は，漢時代（紀元前206～西暦220）に成立した中国の文字を受け入れたときに始まったと言われます．『古事記』には，百済の王仁が来朝して『論語』と『千字文』（1,000個の漢字を四字句の韻文にまとめた書物）を285年（応神天皇16年）に献上したという記事があります．漢字はその後『古事記』『日本書紀』に使われ，日本語の表記に深く根を下ろしました．1180年代に鎌倉幕府が政治権力を握ると武士の常用語として漢語の使用が盛んになり，『平家物語』は和漢混交文で語られました．この和漢混交文（漢字仮名混じり文）の使用は現代でも続いています．

　「送り仮名のつけ方」は1959年（昭和34年）に内閣告示され，その後1973年（昭和48年）に改正されましたが，2010年（平成22年）の常用漢字表改定に伴って一部改正されています．年代によって送り仮名のつけ方が多少異なるのはこのためです．また，慣用として使われている場合，間違った使い方ということでなく許容されているものもあります．他の人が自分と違う送り仮名で書いていると気づいたら，まず自分の書き方を確認します．他の人の書き方の訂正は慎重に行いましょう．

1）活用のある語は活用語尾を送り仮名とする

　「書く」「話す」「使う」などの語幹を漢字で，活用語尾は平仮名で書くという原則があります．

動く，聞く，走る，歩く，断る，表す，現す，行う，拾う，磨く，着る，脱ぐ，寝る，考える，助ける，遊ぶ，泣く，喜ぶ，怒る，出す，作る，凍る，賢い，潔い，重い，近い，遠い，軽い，弱い，強い，主だ

ただし例外があり，次のように語幹となる部分も平仮名で書く語があります．

教える，捨てる，食べる，点ける，晴れる，明るい，頼もしい，入れる，始める，終わる

また、語幹が「し」で終わる形容詞、活用語尾の前に「か」「やか」「らか」を含む形容動詞は、その音節から送り仮名とします。

語幹が「し」の例
　　　美しい、眩しい、珍しい、惜しい、悔しい、麗しい、著しい
活用語尾の前が「か」「やか」「らか」の例
　　　暖かだ、静かだ、穏やかだ、和やかだ、明らかだ、滑らかだ、柔らかだ

2）名詞は送り仮名をつけないことが多い

「話す」のように動詞の場合には送り仮名をつけますが、「お話をする」のように「話」が名詞の場合、送り仮名はつけずに書きます。
（　）の中は動詞の場合の書き方です。

話（話す）、光（光る）、氷（氷る）、志（志す）、係（係る）
次（次ぐ）、舞（舞う）、恥（恥じる）、畳（畳む）、組（組む）

3）書き方が慣用と認められ、通常は送り仮名をつけない語もある

地位・身分・役職名	取締役、関取、頭取
事務に関する言葉	書留、小包、消印、切符、振替、申込書、割合、歩合、両替、割引、手当、組合、売上高、小売業、積立金、売値、買値
特定の場所	引換所、待合室、踏切
その他	献立、試合、場合、日付、受付、合図、合間、物置、貸家、敷物、物語、役割、巻物、名残、迷子、行方、雪崩、吹雪、息吹

※参考文献：三省堂編修所編（2018）『新しい国語表記ハンドブック第八版』三省堂

練習2 下線の平仮名を漢字に直し、送り仮名もあれば書きましょう。

① <u>たうえ</u>をする様子を劇で<u>えんじる</u>。
　（　　　　）　　　（　　　　　）

② 道なかばで挫折をしたように見えたが、<u>みずから</u>気持ちを奮い立たせて立ち直った。
　　　　　　　　　　　　　　　　　　　（　　　　　）

③ <u>ひとつ</u>も<u>のこせず</u>、たいへん<u>もうしわけ</u>ありません。
　（　　　）（　　　　　）　（　　　　　　）

③ 誤りやすい漢字

漢字を書いたり読んだりする際に、間違って覚えたまま正しいと思い込んでいる漢字があるものです。正しい書き方・読み方を確認しましょう。

1）誤りやすい形の例

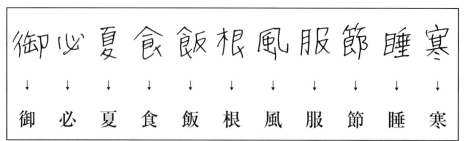

練習 3 正しい読み方を書きましょう。

漢字	間違った読み方	正しい読み方
押印	おしいん	
凡例	ぼんれい	
詐取	さくしゅ	
如実	じょじつ	
物見遊山	ものみゆうざん	
破竹	ばちく	
卑しめる	はずかしめる	
発疹	はっしん	
疾病	しつびょう	
戸外	とがい	
小豆	こまめ	
遂行	ついこう	

練習 4 次に示すのは保育者がよく使う用語です。音読して，正しく読めるかどうか確かめましょう。

番号	読めた印	漢字	番号	読めた印	漢字
1		保護者	26		玩具
2		信頼関係	27		喧嘩
3		連携	28		散歩
4		繋げる	29		指導要録
5		挨拶	30		座薬
6		哺乳瓶	31		経口薬
7		養育	32		言語能力
8		肯定的	33		探索
9		月齢	34		救急外来
10		過干渉	35		快方
11		納得	36		機嫌
12		出席簿	37		健康診断
13		登園	38		発疹
14		降園	39		検温
15		入眠	40		流行性耳下腺炎
16		午睡	41		虫垂炎
17		着衣	42		嘔吐
18		添い寝	43		発熱
19		配膳	44		下痢
20		欠食率	45		抜歯
21		沐浴	46		乳酸菌
22		微妙	47		換気
23		厨房	48		喘息
24		賑やか	49		麻疹
25		途端	50		水疱瘡

練習 5　以下の熟語（用語）を漢字で（ノートに）書いてみましょう。書けない漢字は練習し，自信をもって正しく書けるようにしましょう。

番号	書けた印	読み	番号	書けた印	読み
1		えいせいてき	26		しょうきょくてき
2		せいけつ	27		けんか
3		なんご	28		きょうそうしん
4		あいちゃく	29		ねんざ
5		あいさつ	30		びねつ
6		ほにゅうびん	31		かみつき
7		あとおい	32		かこきゅう
8		しこうさくご	33		かんせんしょう
9		へんしょく	34		かいじょとどけ
10		じょきょしょく	35		しゅっせきていし
11		おくがい	36		きげん
12		ぞうけいあそび	37		しっぷ
13		そうじ	38		とっぱつせいほっしん
14		ひなんくんれん	39		なんべん
15		がまん	40		はいにょう
16		ごすい	41		はいせつ
17		ふくしょく	42		おうと
18		すいみんじかん	43		べんぴ
19		ふんいき	44		げり
20		しんぐ	45		りゅうこうせいじかせんえん
21		もくよく	46		だぼく
22		あきる	47		こっせつ
23		かいほうてき	48		けつまくえん
24		しどうようろく	49		ましん，はしか
25		きょういくかてい	50		みずぼうそう

④ 平仮名と漢字の使い分け

相当する漢字があっても，漢字で書く場合と平仮名で書く場合を区別して使う言葉があります。以下にその一例を示しますが，施設・自治体の表記便覧や小冊子が作られ，定めのある場合もあるので確認しましょう。

読み方	書き方	読み方	書き方
あたり	顔のあたり，この辺り	したがう	したがって〜だ，指示に従う
あたる	的に当たる，任にあたる	すてき	すてき ✕素敵
いう	〜というものが，あえて言う	たち	子どもたち，友達
いかが	いかが ✕如何	ため	〜のため ✕為
いただく	〜していただく，物を頂く	とき	〜のときは，時として
いちいち	いちいち ✕一々	とる	栄養をとる ✕摂る
いろいろ	いろいろ ✕色々	はやる	はやる ✕流行る
うかがう	顔色をうかがう，お宅に伺う	やけど	やけど ✕火傷
おうとつ	おうとつ ✕凹凸	よく	よく遊ぶ ✕良く
おおむね	おおむね ✕概ね	よほど	よほど ✕余程
おなか	おなか ✕お腹	よろしい	よろしい ✕宜しい
かく	頭をかく ✕掻く	よろしく	よろしく ✕宜しく
こと	〜のことは（抽象的な場合） 経験した事（具体的な場合）	わけ	〜わけにはいかない 言い訳　内訳
こわす	腹をこわす，物を壊す	りこう	りこう ✕利巧

※間違いではなくても，あまり使われない表記には✕をつけてあります。

平仮名で表記する際に，間違いやすい言葉があります。こちらも注意しましょう。

✕	〇	✕	〇
うな<u>づ</u>く	うな<u>ず</u>く	た<u>あ</u>いのない話（△）	た<u>わ</u>いのない話
かた<u>ず</u>ける	かた<u>づ</u>ける	つま<u>づ</u>く	つま<u>ず</u>く
かっこ悪い（口語）	かっこう悪い 格好悪い	と<u>ゆ</u>ように	<u>という</u>ように （なん<u>という</u>）
こんにち<u>わ</u>	こんにち<u>は</u>	つ<u>ず</u>く	つ<u>づ</u>く
こんばん<u>わ</u>	こんばん<u>は</u>	やっぱり（口語）	やはり

2 文章の基本的な書き方

大学では，レポートや採用試験等で小論文を書く機会が多くなります。基本の書き方をしっかり学びましょう。

(1) 小論文

① 小論文とは何か

小論文とは，「小さな，論理的構成をもつ文章」のことです。課題について報告したり，経験や学んだことを基に自分の主張を述べたりする文章が含まれます。論理的に書くために，言葉の使い方や文章構成に注意が必要です。

② 論理の言葉

小論文では，ある概念をはっきりと提示し，誰にでも物事を正確に伝えられる言葉を使います。例えば，薬の飲み方や電化製品の取扱説明書に使われる言葉が論理の言葉です。誰でも分かるように飲み方や使い方の手順が具体的に書かれ，正しい使い方が理解できる言葉が使われています。

例・本機に登録させることのできる電話番号のケタ数は最大22ケタです。
　　・お手入れには，石油，磨き粉，シンナー，ベンジンは使わないでください。

練習 6 次のア，イのうち，どちらが論理の言葉でしょうか。

ⅰ	ア　山の端に太陽がかくれそうな時刻	イ	午後6時
ⅱ	ア　11月	イ	落葉の舞う季節
ⅲ	ア　快適な一日	イ	晴天で最高気温が21℃

③ 曖昧な文は避ける

表現内容を正確に伝えるために，文中の語句が後のどの語句を修飾しているのかを明確にし，多様な解釈が生じないようにすることが重要です。そのために次の点に留意しましょう。

ア	一文を短くする。
イ	主語と述語が正しく結びつくようにする。
ウ	一文に一つの情報だけを入れる。
エ	難解な言葉でなく，易しい言葉を使う。
オ	読点は，意味の区切れ目に打つ。

練習 7 次の文の主語に傍線，述語に波線を引きましょう。

> ⅰ　お茶を出す前に，母は茶碗の底についた水気を台布巾で必ず拭く。
> ⅱ　私の兄は，シロツメクサの首飾りを作っている母を後ろから呼んだ。

④　一段落一事項

　段落は文章の一区切りであり，ある一つのことについて書いた文の集まりのことです。新しい段落では行を変え，段落始めの文字を一字下げて書き始めます。段落は意味のまとまりなので，中心となるキーワードや中心文があります。一段落にその一つのことについて書くと内容がすっきりして，読み手に分かりやすい文章になります。一段落に一キーワードの原則を守って，その一つのことについて書くことを「一段落一事項の原則」と言います。

　報告・説明の文章や，ある考えを主張するのが目的の文章では，段落の始めの方に一番大事な語句（キーワード）や文を書くことが重要です。

練習 8 次の文章はもともと二段落で書かれた文章です。区切れ目はどこでしょう。

> 　もも組でザリガニ 14 匹の世話をした。水槽を 14 個購入し，1 つの水槽にザリガニを 1 匹ずつ入れ，1 匹のザリガニを 2，3 人で世話をした。はじめのうちは怖がってザリガニを触ることができなかったので，水替えに時間がかかった。ある日，「1 匹だったのにザリガニが 2 匹になっている。」と驚きの声が上がった。2 匹目に見えたザリガニが脱皮した殻だと気づいた子どもたちがいた。よく観察していて，脱皮したザリガニの体色がやや薄いことにも気づいた。

⑤　事実を書く段落と意見を書く段落を区別する

　事実を書く段落と意見や感想を書く段落を区別します。一緒に書いてしまうと，どこが事実でどこが自分の意見なのか分からない曖昧な文章になってしまいます。

✕	今日の漢字のテストで「完璧」と「耳下腺炎」いう漢字が書けなかった。「壁」の下が「玉」という漢字だったというのを始めて知ったので，今まで何となく覚えたように思っていた字が多かったことが分かり，残念だった。「耳下腺炎」の「腺」が「線」でないのは意外だった。
○	今日の漢字のテストで「完璧」と「耳下腺炎」いう漢字が書けなかった。「壁」の下が「玉」という漢字だったというのを始めて知った。「耳下腺炎」の「腺」が「線」と違うことも友達に指摘された。
	今まで何となく覚えたように思っていた字が多いと分かり，残念だった。

⑥ 文章構成

次の文章構成で書くと，筋道の通った小論文ができます。基本の文章構成で小論文を書く力を身につけましょう。

構成	内容	キーワードの例
はじめ（2行）	全体のあらましを書く	お手伝い
なか（7行）	具体例1　感想・意見は書かない	おふろそうじ
なか（7行）	具体例2　感想・意見は書かない	くつみがき
まとめ（2行）	具体例に共通する性質・感想を書く	家族にほめられた
むすび（2行）	まとめの一般化（まとめの感想や意見が，全ての人やものに当てはまるという主張）	手伝いは家族の役に立つ

練習 9　「まとめ」と「具体例」の結びつきが正しいものは次のどれでしょう。

(A) おまつり	(B) おまつり	(C) お手伝い	(D) お手伝い
おまつりに行った。おめんを買った。ラムネを飲んだ。おいしかった。	おまつりに行った。おめんを買った。お金を落とした。楽しかった。	お手伝いをした。おふろを洗った。テレビを見た。がんばった。	お手伝いをした。おふろを洗った。くつをみがいた。とてもつかれた。

⑦ 小論文を書く：テーマ「家の仕事」

1）文章構成表を作る→「なか」と「まとめ」のつながり

　文章構成表は小論文の骨組みになります。練習9で考えたように，「具体例」と「まとめ」が正しく結びつくようにします。次の手順で，文章構成表を作りましょう。

　ⅰ　自分がやっている，または，やったことのある家の仕事を〈なか〉に書き出しましょう。

　ⅱ　「なか」に書いた家の仕事から共通する性質・感想を，「まとめの表」の「まとめ」に書きましょう。（例　めんどうである。）

　ⅲ　「まとめ」に合う「なか」を二つ選んで「まとめの表」に書きましょう。

〈まとめの表〉

まとめ	なか2	なか1

【文章構成表】〈なか〉

						(例) 食器並べ

2) 一次原稿を書く→一段落に一つのキーワードを入れる

　文章構成表に書いたキーワードをもとに、下の例のような一次原稿を書きます。原稿用紙を2行、7行、7行、2行、2行になるように線で区切り、「まとめの表」に書いた「なか1」「なか2」「まとめ」を一文で書きます。一次原稿では「はじめ」と「むすび」は書かずにそのままにします。一文ずつなので原稿用紙は空白部分が残りますが、そのままにします。

　下のように書けたら、文章の筋が通るかどうか確かめます。

むすび	まとめ	なか2	なか1	はじめ
	どちらの仕事も毎日やるのはめんどうである。	夕食後、食器を洗うのも私の分担だ。	私は、家に帰ると、まず風呂掃除をする。	

3) 二次原稿を書く→「なか」を詳しく

　一次原稿と同様に原稿用紙を区切り、一次原稿で書いた一文を詳しく書きます。特に「なか」は詳しく、具体的に書きます。「なか2」→「なか1」→「まとめ」→「むすび」→「はじめ」の順で書くと書きやすくなります。読み返して「なか」に意見や感想が入っていたら書き直します。原稿用紙は全部埋める必要はありません。

むすび	まとめ	なか2	なか1	はじめ
毎日必要な仕事なので続けて行い、母の負担を減らしたい。	どちらの仕事も、丁寧さが必要だから、毎日やるのはめんどうである。	夕食後、食器を洗うのも私の分担だ。私の家は七人家族だから、小鉢、小皿以外に大皿を使う。お椀や茶碗も使うので、種類別に……（略）	私は、家に帰ると、まず風呂掃除をする。洗剤をふたと浴槽にかけて三分置いておく間に、棚をスポンジでこする。シャンプー類を横にずらして、洗わないところがないように……（略）	弟と分担して家の仕事を毎日やっている。私がやるのは主に次の二つのことだ。

⑧ 小論文を書くときの注意

1）慣用句を使わない

　慣用句を使うと文章の個性がなくなります。

　　　　✗テストは楽勝だった。　→　○テストは易しかった。

2）「…して」「そして，それから」を使いすぎない

　出来事を時系列に並べるだけだと，その文で何が言いたいのか書きたい中心がぼやけてしまいます。

　　　　✗朝ごはんを食べて，トイレに行ってから，歯磨きをして靴を…

3）「はじめ」には感想・意見を書かない

　　　　✗実習に行って三日目に遠足に行ったが，いい思い出になった。
　　　　○実習三日目の11月5日には遠足に行った。

4）「なか1・なか2」を詳しく書くために，次の技術を使う

　ⅰ　地名・人名・時刻・色・個数・品名・書名・値段を具体的に書きます。

　　　　✗この夏，旅先で友達と偶然会った。
　　　　○8月9日午後2時ごろ，千歳空港の出発ロビーで偶然山田さんと会った。

　ⅱ　会話文は，小論文では改行しないで，続けて書きます。

　　　　○部活動の練習中，「山田君はすぐ職員室に来なさい。」と，放送で呼ばれた。

　ⅲ　場面の中心を決めて，詳しく書きます。

　　　　✗ホットケーキを焼いて，それからジャムをぬって，まわりにクリームを…
　　　　○ホットケーキを食べる準備をする。はじめに皿を用意し，…

　ⅳ　「なか1」「なか2」に時間がつながっている例を用いると，一つの例と判断されるので，異なる二つの例を用いて書きます。

　ⅴ　「なか」には感想・意見を書かず，事実を詳しく書きます。

　ⅵ　「たとえ・比喩・名句」は事実ではないので「なか」には書きません。

　　　　✗今回の合宿は忍耐の連続だった。
　　　　○今回の合宿では，朝8時から午後5時のうち二度休憩しただけで，ディベートの練習が続いた。

5）「むすび」（主張）は，「まとめ」の個人的な考察が，「多くの人に共通すること（一般化）」を述べる

　　　（まとめ）　お母さんが留守でさびしかった。
　　　　　↓
　　　（むすび）　家族の大切さが分かる。

6）「題名」は，小論文全部を書いた後，「まとめ，むすび」のキーワードから選ぶ

⑨　小論文の評価

⑧の「小論文を書くときの注意」から考えて，次の二つ一組の例文のうち，どちらがよいか選びましょう。また，席が近い人と互いの小論文を読み合い，「小論文の書き方」として適切かどうか確認しましょう。

1）はじめ
- ア　「日本文化論」はわたしのゼミの先生が担当している科目である。
- イ　わたしのゼミの先生の担当科目，「日本文化論」。
- ウ　一昨日，幼稚園で運動会があってとても疲れた。
- エ　一昨日，幼稚園で運動会があった。

2）なか
- オ　部分実習で絵本の読み聞かせをした。『マッシュのきのこパーティー』の表紙を見せて，「知っていても黙って聞いてね。」と言ってから読んだ。ページをめくるのをゆっくりにしたら，子どもたちは絵をよく見て聞いていた。
- カ　部分実習で絵本の読み聞かせをしたり，折り紙で鶴を折ったりした。緊張して大変だったが，まあまあよくできた。
- キ　文化祭ではたこ焼きやがあった。綿菓子も売っていた。多くの人が来ていた。仮装している人もいた。音楽もなっていた。
- ク　文化祭ではたこ焼きと綿菓子などの屋台が出ていた。屋台のまわりには多くの人が集まり，中には仮装して音楽に合わせて踊っている人もいた。

3）まとめ
- ケ　教育実習では大変だったが，それなしでは良い経験はできなかったと思う。
- コ　教育実習では多くの人にお世話になり，たくさんの経験ができた。

4）むすび
- サ　ボランティアの経験を通して協力の大切さを知った。学校生活でも周りの人と協力して行事に取り組みたい。
- シ　ボランティアの経験の中で，皆で一つのことに取り組んだことがとても楽しくうれしかった。

※参考文献：市毛勝雄（2010）『小論文の書き方指導　4時間の授業で「導入」から「評価」まで』明治図書

（2）表　記

① 原稿用紙の使い方

　原稿用紙には縦書き用と横書き用があります。マス目が印刷されていて，そのマスに文字や符号を書きます。一般的には次のようなきまりがあります。

【縦書き原稿用紙】

1）一マスに一文字
ⅰ　一マスに一つの文字・符号を書き入れます。
ⅱ　拗音（き ゃ ）や促音（き っ と）にも一マスを使います。
　　例）「きゃ」は二マス，「きっと」は三マス。
ⅲ　段落のはじめの一文字はあけて書き始めます。

2）句読点
ⅰ　文末には句点（。），文の意味の区切れ目には読点（、）をつけ，それぞれ一マスを使います。
ⅱ　縦書きでは，マス目の中の右上に書きます。

3）かぎかっこ
ⅰ　会話文，引用，注意したい語句を書く時には「　」（かぎかっこ）で囲みます。
ⅱ　会話文を閉じる時には，句点（。）と閉じるかぎ（　」）を一マスに書きます。

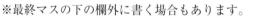

ⅲ　かぎかっこを書く位置は横書きと縦書きで違うので，注意します。
ⅳ　句読点，閉じるかぎ（　」）や中黒（・）等は，行の先頭に書かず，前の行の最後のマスに文字とともに入れこみます。
　　※最終マスの下の欄外に書く場合もあります。
ⅴ　始めのかぎ（「　）が行の最終マスに来る場合は，そのマスはあけて，次の行の一番上のマスに始めのかぎ（「　）を書きます。
ⅵ　かぎかっこ（「　」）の中にさらにかぎかっこが必要な時や書名を書く場合は，二重かぎかっこ（『　』）を使います。
ⅶ　論理的文章の場合，会話文の「　」も行を変えずに書きます。
ⅷ　文学的文章の場合，会話文の「　」は行を変えます。二行以上に会話文が続く場合には，会話文の二行目以降は一番上のマスをあけます。会話文が行の途中で終わったら，その下のマスはあけて，会話文の次の言葉や文は，次の行の一番上から書き始めます。

Ⅲ● 書く　基本編

3) viの例（書名の例）

先週、『ことわざ辞典』を読んだ。「猫に小判」と似た意味のことわざが他にもあること

3) v，viiの例（論理的文章）

立春の前日は節分だ。豆の箱を折り紙で作りながら、「心の鬼をやっつけるよ」と年中の子どもたちが話

3) viiiの例（文学的文章）

父が「太公望」の意味を教えてくれた。「お父さん、物知りだね。」と言うと、父は、

4) 符号など

- i　省略や会話文の無言等を表す場合，点線「……」を使います。また，語句の挿入やまるかっこ（ ）の代わりにダッシュ「──」を使います。点線もダッシュも二マス使います。点線は一マスに三点（…）を打ちます。
- ii　疑問符（？）や感嘆符（！）の下は一マスあけます。
- iii　説明を加える場合や読み方を特別に示す場合にまるかっこ（ ）を使います。
- iv　氏名を書く場合，姓と名前の間は一マスあけ，名前の下は一マスあくようにして書きます。
- v　題名を書く場合は三マスあけます。学年が上がって，長い題名を書くときには二マスをあけて書く場合もあります。
- vi　促音は一マス使い，行頭に来ることもあります。

4) ii，iv，v，viの例

　　　朝読習
火曜日の朝は読み聞かせがある。山田太郎今朝、『くじらぐも』を読んでもらる。『天までとどけ』と、皆が「一、二、三！先生」と叫んだ時、

【横書き原稿用紙】

　基本は縦書き原稿用紙と同じきまりで書きますが，一部違うところがあるので，注意しましょう。

1) 一マスに一文字

　　拗音（きゃ）や促音（きっと）にも一マスを使うのは同じですが，書く場所が異なります。

　　　例　「きゃ」は二マス，「きっと」は三マス。

2) 句読点

　　文の意味の区切れ目に打つ読点は横書きではカンマ（,）を使います。

　　※縦書きと同じ読点を打つ場合もあります。

　　それぞれ一マスを使い，縦書きではマスの右上に書きますが，横書きでは句読点の位置は左下に書きます。

3) かぎかっこ

　　会話文，引用，注意したい語句を書く時には「　」（かぎかっこ）で囲みます。会話文が終わる時に閉じるかぎ（　」）を書く場合には，句点も同じ場所に書きます（　。」）。

原稿用紙横書きの例

	私	は	先	週	,	あ	か	ぎ	の	森	の	ボ	ラ	ン
ティ	ア	に	行	っ	た	。	子	ど	も	た	ち	が	自
然	体	験	と	し	て	,	飯	盒	炊	爨	を	す	る	手
伝	い	を	し	た	。									
	ボ	ラ	ン	ティ	ア	は	初	め	て	で	少	し	不
安	だ	っ	た	が	,	活	動	を	始	め	る	前	に	子
ど	も	た	ち	に	「	お	は	よ	う	。	よ	ろ	し	く。」
と	,	声	を	か	け	て	み	た	。	す	る	と	,	
「	先	生	,	大	学	生	?		」	「	ど	の	班	に

横書きで文末がマスの最後の場合も，閉じるかぎ（」）は行の最後のマスに書く。
※閉じるかぎと句点を最終マスの右の欄外に書く場合もある。

縦書きの原稿用紙とは，句読点を書く場所が違うので注意する。

練習 10 次の四角の中の文章を横書きの原稿用紙に書きました。これを縦書きの原稿用紙（一行 20 字）に書き，横書きの書き方と比べてみましょう。

> 近頃,「させていただく」を連発する人がいる。
> 先日,学校説明会の司会が「説明させていただきます。」と言ったのを聞いて驚いた。そう言えば失礼に当たらないと思ったのだろうが,間違いである。

横書き原稿用紙の例

	近	頃	,	「	さ	せ	て	い	た	だ	く	」	を	連
発	す	る	人	が	い	る	。							
		先	日	,	学	校	説	明	会	の	司	会	が	「	説
明	さ	せ	て	い	た	だ	き	ま	す	。」	と	言	っ	た
の	を	聞	い	て	驚	い	た	。	そ	う	言	え	ば	失
礼	に	当	た	ら	な	い	と	思	っ	た	の	だ	ろ	う

練習 11 次の文章を，横書きの原稿用紙（一行 20 字）に書き直しましょう。

> 散歩に行く準備をする時，太郎さんが，自分は準備ができていないのに友達の世話をし始めたので，「今は，友達のお世話をしなくてもいいよ。準備するよ。」と声をかけた。すると，「だって……」と口ごもったあとに，「だって，遅くて気になる！」と言い，その場から離れようとしなかった。

練習 12 次の文章を，縦書きの原稿用紙（一行 20 字）に書き直しましょう。

> 今日は子どもたちの名前を覚えることを目標にした。主任の先生が名前を呼びながら「おはよう。」と挨拶している様子を見て，自分も名前を呼びながら挨拶した。
> 今日一番難しいと感じたのは，一人だけでなく全体を見ることだ。歌わない・踊らない・仲間に入らないなどの姿が気になって話しかけてしまい，他の子どもたちが何をしているか意識できなかった。

② 文末
1）敬体でなく，常体を使う
　文章を書くときには，「です，ます」と「である」を同じ文章の中で混ぜて使わず，文末の形を統一します。
　また，論理的文章では一般に「です，ます」を使わず，「である」を使います。敬体で「楽しかったです。」と書くと，幼稚な印象を与えます。
2）否定形で終わらず，できるだけ肯定形で終わる
　「…ない」という否定表現は，文の内容を曖昧にします。明確に言い切る表現の方が分かりやすくなるので，文末を肯定形で終わるように書きましょう。
　　　　✗　賛成ではない。　　　　⇒　○　反対だ。
　　　　✗　正しいとは言いがたい。　⇒　○　間違っている。
3）体言止めは使わない
　体言止めは詩の言葉で，文学的表現です。小論文では使いません。主語と述語が整った文にすると意味が明確になります。
　　　　✗　皆に反対された私の意見。　⇒　○　私の意見は，皆に反対された。
　　　　✗　わたしの好きな色，黄色。　⇒　○　わたしの好きな色は，黄色だ。
4）ずばりと言い切る
　「…と言える」「…と思われる」「…と考えられる」は，大変便利な言い方です。少々自信がなくても内容の是非を読み手に判断してもらえそうだし，「本当にそうなのか」「他の考えがある」と誰かに言われた場合でも「…だ」と言い切るより非難されないかもしれない，と感じるからです。しかし，論理的に自分の主張を示す場合には，明確に言い切ることが必要です。能動態で言い切る形にします。
　　　　✗　…と言える　　⇒　○　…だ
　　　　✗　…と思われる　⇒　○　…と思う
　　　　✗　…と考えられる　⇒　○　…と考える
5）同じ表現を続けない
　どんなに分かりやすく書いた文章でも，文末が「…だ」「…だ」「…だ」や，「…である」「…である」「…である」と続くと読み手が内容について納得して読み進めることができにくくなります。「…だ」「…である」「…と考えた」等，いくつかの文末表現を文の内容に合わせて使い分けることが大切です。

③ **句読点**

1) 句点は文の終わりに打つ

　句点は文の終わりに必ず打ちます。ただし，詩歌や見出しでは，句点をつけずに済ませる場合があります。

　句点を打つ場所は，パソコンでは自動的に適した場所に入りますが，原稿用紙に自分で書く場合には注意が必要です。縦書きと横書きでは句読点の場所が違うので確認しましょう（pp.52-54参照）。

2) 読点は意味の区切れ目に打つ

　読点の打ち方は，論理的文章では分かりやすい文章になるかどうかに深くかかわってきます。読点は意味の区切れ目に打ちます。ただし，読点をたくさん打てばよいわけではないので，注意しましょう。

　例）
　　✗　おじいさんは，山へ芝刈りにおばあさんは，川へ洗濯に行きました。
　　〇　おじいさんは山へ芝刈りに，おばあさんは川へ洗濯に行きました。

　　✗　貴園では自然に触れる体験を重視しており私の目指す教育観に，合っていると感じました。
　　〇　貴園では自然に触れる体験を重視しており，私の目指す教育観に合っていると感じました。

　　✗　新幹線の切符の発券後は，変更を一回のみとし，その後の変更は認めません。
　　〇　新幹線の切符の発券後は変更を一回のみとし，その後の変更は認めません。

　　✗　青鬼は赤い顔で，心の優しい鬼がいると村人に話した。
　　〇　青鬼は，赤い顔で心の優しい鬼がいると村人に話した。

(3) 引用の仕方

　　レポートを書くときにしてはならないのが，剽窃{ひょうせつ}や盗用です。他人の考えや文言，図表等を出典を示さずに，自分のものとして発表してはいけません。"コピペ（コピーアンドペースト）"も認められません。

　　ただし，出典を明らかにして自分のレポートや論文に根拠として使うことは認められています。他の文献をそのまま転記して引用する場合と，要約して引用する場合があります。どちらにしても，他人の研究成果と自分の研究内容を区別することが必要です。さらに自分の過去の研究成果とも区別する必要があります。

　　引用部分と自分の文章は明確に書き分け，引用した情報（書名・論文の題名や掲載誌名，頁数など）の出典を明示します。次のような書き方が多く用いられています。

① **引用文献全体の長さは，全体の2割まで**

　　どんなにすばらしい先行研究や発表でも，長すぎる引用は認められません。引用文献全体の長さは自分の原稿の2割程度までとします。

② **複数から引用する**

　　1冊の著作についてレポートを書く場合を除き，1冊の著作や1編の論文だけから引用せず，複数の文献から引用します。

③ **引用した部分は自分が書いた文章や自分の考えと区別して示す**

　　引用部分と自分の文章を書き分ける際に，次のように書くことが求められます。多く用いられているやり方を次に示します。

1) 短い引用（そのまま転記）の示し方：「　」で囲む

　　2行以内の短い引用の場合は，引用する文を「　」の中に転記し，本文に入れます。

> 　小説を読む上で，描写は重要なポイントである。「描写はイメージを喚起するための文章である」（市毛，1984，p.45）という描写に着目した読み方は，これまでになかった小説の読み方の視点を示した。

　　この例では市毛勝雄『主題認識の構造』の一部分を「　」の中にそのまま転記しています。引用する場合，旧仮名遣いや句読点，また誤字も含めてそのまま転記する必要があります。「　」で囲む引用部分の最後が文末になり，句点で終わっていても，最後の句点はつけません。「　」の後に（著者名，出版年，頁）を示します。

　　その上で，レポートや論文の最後に参考文献として出典（書名，出版年，出版社など）を明記します。著者名の五十音順に列挙します（p.62参照）。

2) 長い引用（そのまま転記）の示し方：2〜3字下げて転記する

　3行以上の長い引用の場合は，本文より2〜3字下げてそのまま転記します。次の例では，『主題認識の構造』の本文を数行にわたって引用し，「描写は」から2字下げて書いた上で，さらに引用の前後を1行ずつあけています。

　小説の文体は，語り，会話，描写に分けて考えることができる。小説を読む上で描写は重要なポイントである。市毛は描写について次のように説明している。

　　描写はイメージを喚起するための文章であるから，「描写」の文章を定義するとすれば，「描写とは文字で動く絵を描くことである」ということになるだろう。〔中略〕対象が静止している時には視点が近づいてクローズアップの効果をあげたり，あるいは遠ざかって全景を描くのである。（市毛, 1984, p.45）

　挿絵のように止まったイメージではなく，描写を読むと動きをイメージすることができるという指摘である。この描写に着目する読み方は，これまでにない小説の読み方の視点を示したと言える。

　次に示すように，引用文の文字を小さくすることも行われます。次の例では，引用を2字下げて文字を小さくした上で，さらに引用の右端を2字あけて書いています。

　小説の文体は，語り，会話，描写に分けて考えることができる。小説を読む上で描写は重要なポイントである。市毛は描写について次のように説明している。

　　描写はイメージを喚起するための文章であるから，「描写」の文章を定義するとすれば，「描写とは文字で動く絵を描くことである」ということになるだろう。〔中略〕対象が静止している時には視点が近づいてクローズアップの効果をあげたり，あるいは遠ざかって全景を描くのである。（市毛, 1984, p.45）

　挿絵のように止まったイメージではなく，描写を読むと動きをイメージすることができるという指摘である。この描写に着目する読み方は，これまでにない小説の読み方の視点を示したと言える。

　次の4点を覚えておくと便利です。
　　ⅰ　文章の途中を省略する場合
　　　　〔中略〕や〔……〕と表記します。
　　ⅱ　引用のうち，一部分を強調するために傍線を引く場合

引用に傍線を引き，転記した文に手を加えたことを明らかにする必要があります。（市毛，1984，p.45）を（傍線筆者，市毛，1984，p.45）とします。
iii 同姓の別人の同じ年の文献を取り上げる場合
姓の後に名前のはじめの文字を書いて，別人だということが分かるようにします。
例 同年の市毛勝雄と市毛健の文献を使う場合
（市毛勝，1984，p.45）（市毛健，1984，p.132）と書きます。
iv 同じ人の同年の別の文献を引用する場合
市毛勝雄の同年の別の文献を引用する場合には，姓の後にaやbを書き，どの文献を引用したかが分かるように区別します。
例 （市毛a，1984，p.45）（市毛b，1984，p.251）

上記iからivを含み，2）に示した長い引用の場合も，1）と同様にしてレポートや論文の最後に参考文献として，出典（書名，出版年，出版社など）を明記し，著者名の五十音順に列挙します（p.62参照）。

3）要約して引用：「　」で囲まず，頁番号や脚注番号を書く
そのまま転記せずに長い文章を要約して引用する場合には，要約を「　」で囲まずに書き，要約の最後に頁（p.45）を書いて本文とは区別します。

> 描写が分かると小説の読み方が変わってくる。市毛（1984）は，描写によって描かれた対象に視点が近づいたり遠ざかったりして動く絵のようなイメージがもてる（p.45）と説明し，描写に着目することによってこれまでにない小説の読み方の視点を示したと言える。

この例では，「描写によって」から「もてる」までが要約した部分です。もとの文章を正しく理解して要約することが必要です。
この場合も，1）と同様にしてレポートや論文の最後に参考文献として，出典（書名，出版年，出版社など）を明記し，著者名の五十音順に列挙します（p.62参照）。

④ 注のつけ方
本文中の記述に欄外の補足説明が必要な場合は，文中に（注番号）だけ書いておき，レポートや論文の最後に注釈として，番号順に説明を入れます（p.61参照）。

> 帰国子女の言語能力の育成についての増田の発表（注1）をもとに，幼児期の言葉の発達を見通した支援のあり方が話し合われた。海外生活をしているからといって，だれでも複数の言語を簡単に習得できるわけではないので，言葉の獲得に役立つ絵本やカルタの有用性に参加者の関心が集まった。

この例は，ここに発表内容を入れずに続けた方が分かりやすいため，発表内容は（注）となっています。注釈は頁ごとや各章の終わりに載せる場合もあります。

⑤　引用した参考文献の書き方

引用した資料の種類によって示し方が異なります。ここでは，著作，論文，雑誌（新聞），インターネット資料の書き方を示しました。

1）著作：著者（または編者），発行年，題，出版社
　　市毛勝雄（1984）『主題認識の構造』明治図書
　　長谷川祥子編（2018）『はじめて学ぶ人のための国語科教育学概説　小学校』明治
　　　図書

2）論文：著者，発行年，題，論文集の名称，巻・号，論文集のうちのどの頁か
　　（頁が複数の場合は pp.24-27，1頁の場合 p.24 となる）
　　篠原京子（2017）「言語活動から言語技術へ」『言語技術教育』27号，pp.24-27

3）雑誌：著者，発行年・発行月（新聞では年月日），題，雑誌名，号，どの頁か
　　増田泉（2018．5）「表現の特徴を一点にしぼって確認する」『教育科学国語科教育』
　　　No.821，pp.76-79

4）インターネット資料：著者，発表年，題，全体の題名，どの頁か，URL，入手日
　　篠原京子（2000．8）「作文指導法の研究：論理的思考力・表現力の育成」『全国大
　　　学国語教育学会発表要旨集』No.98，pp.22-25
　　　http://ci.nii.ac.jp/naid/110006369289（2018.11.3入手）

　参考文献が2行以上になる場合は，1) 3) 4) のように，2行目を3文字程下げて書くようにします。

　文献の示し方には他の形式もあります。自分が提出するレポートの参考文献の書き方にどの形式が求められているのか，形式を確認して書くことが重要です。「APA（American Psychological Association）論文作成マニュアル」や「SIST（科学技術情報流通技術基準）」には，たいへん詳しい書き方が示されています。

⑥　参考文献を示す順序

参考文献は，レポートや論文の最後に五十音順で書きます。注の説明は，注釈として別項目を立て，説明を書きます。

注釈
1　増田泉（2015）「日本語の獲得と問題・課題点」国際幼児教育振興協会第2回
　　研修会参照　移民社会での言語の獲得には渡航時の年齢や家族構成によってかなり大きな差があることが，実例を整理することで示された。
2　……（他の注について，番号順に書く。）

> 参考文献
> 市毛勝雄（1984）『主題認識の構造』明治図書
> 篠原京子（2000.8）「作文指導法の研究：論理的思考力・表現力の育成」『全国大学国語教育学会発表要旨集』No.98，pp.22-25
> http://ci.nii.ac.jp/naid/110006369289（2018.11.3入手）
> 篠原京子（2017）「言語活動から言語技術へ」『言語技術教育』27号，pp.24-27
> 長谷川祥子編（2018）『はじめて学ぶ人のための国語科教育学概説　小学校』明治図書
> 増田泉（2018.5）「表現の特徴を一点にしぼって確認する」『教育科学国語科教育』No.821，pp.76-79

⑦　参考文献の探し方

　まず始めに，基礎的な文献を必ず調べましょう。辞書や百科事典でまず調べ，その分野の事典で調べることもぜひ行いましょう。また，紹介された参考文献や図書館で薦められた書物に目を通すことも大事です。

　インターネットで専門的な内容の文献を探すために，よく使われるのは，CiNii（サイニー），国立国会図書館サーチ，グーグルスカラーです。どのサイトも著書，論文などを幅広く検索することができます。

　ⅰ　CiNii（サイニー）Articles（国立情報学研究所）
　　　https://ci.nii.ac.jp
　ⅱ　国立国会図書館サーチ
　　　https://iss.ndl.go.jp
　ⅲ　Google Scholar（グーグルスカラー）
　　　https://scholar.google.co.jp

⑧　引用について分かりやすく書かれている参考文献

　本書のpp.58-62は，次の本を参考にしています。詳しく書かれています。

　ⅰ　アメリカ心理学会（APA）（前田樹海，江藤裕之，田中建彦訳）（2011）『APA（American Psychological Association）論文作成マニュアル第2版』医学書院
　ⅱ　小笠原喜康（2018）『最新版　大学生のためのレポート・論文術』講談社現代新書
　ⅲ　佐渡島沙織，坂本麻裕子，大野真澄編著（2015）『レポート・論文をさらによくする「書き直し」ガイド』大修館書店

Ⅳ "書く"

活用編

1 実習日誌の書き方

実習日誌には，実習中の日々の記録と毎日の感想や反省を書きます。形式はさまざまですが，実習では実習日誌（実習記録）を書くことが求められます。

(1) なぜ書くのか

慣れない実習の期間に何時間もかかる実習日誌をなぜ書くのか，それは次の利点があるからです。

① 現実を見取る力をつける

保育者は子どもたちの状況を正確に判断し，それに見合う保育活動を行う必要があります。子どもたちの動きを予想し，活動の見通しをもつことも求められます。

そのために，自分が担当する子どもたちの発達や心理状態を理解し，それに見合う活動ができているか，周りの環境や支援の仕方は適切か等を見取る力が必要です。「いつ，どこで，だれが，どのように，何を，何のために，どうした」を意識して日々の記録を取ることが，現実を見る力を高めることにつながります。

② 自分の気づきや考えを整理できる

実習では，子どもたちの育ちや課題に対する，保育者としてのかかわり方を学びます。保育者の動きをよく見て学び，どのようにかかわればよいかを自分で考えられるようになることが必要です。

そのために，自分が保育者のかかわり方から何を学び，どのように感じたか，理由と共に記録することが大事になります。「何がどうだったから，こうなったので，〜だと感じた。」「だれがどのように何をしたから，こうなったと思った。」のように，保育者の意図や子どもたちの変化を自分が意味づけして日誌を書くことで，自分が気づいたことや考えたことを整理する力を身につけることにつながります。

③ その日の反省をし，次の実践に役立てる

実習では全体を見通したねらいや日々のねらいを意識して取り組みます。子どもたちの育ちに見合うかかわり方ができたか，自分のねらいを達成できるかかわり方ができたかを振り返ることが大事です。そのために，自分のかかわり方について「なぜ，何を，どのように考えてかかわったから，どうだったのか」を具体的に記録します。自分の疑問や反省は実習期間中に解決できるものばかりではありませんが，ねらいをもって記録を取ることで次の実践に役立ちます。

反省には，ねらいに対して自分がどう動いたか，それはよかったかどうか，次はどこを直せばよいかについて書く必要があります。「〜思った。」「〜やりたいです。がんばります。」などの単なる感想では不十分です。

(2) 書き方のポイント

① メモは箇条書き

　ねらいをもって観察し，簡潔かつ具体的に書きます。子どもたちがメモを気にしてしまって活動を妨げることもあるので，書くタイミングを計ることが必要です。メモは取らないように指示される場合もあるので，確認しましょう。

　メモ帳はポケットに入る大きさにします。三色ボールペンを使うと内容によって色分けすることができます。左側の頁に日付，時刻，天気，環境構成等，右側の頁に子どもの活動，保育者の援助や留意点，自分の気づき等と区別して書くとよいです。

② 日々の「ねらい」は計画的に，明確に

　ねらいは，実習の序盤・中盤・終盤によっても，園児とのかかわり方や活動のねらいによっても変わります。前日に一日の予定が分かったときに記入します。

　　序盤の例　　　ⅰ　笑顔でなるべくたくさんの子に声をかける。
　　　　　　　　ⅱ　子どもの一日の流れを知る。
　　中・終盤の例　ⅲ　一人ひとりにかかわる。
　　　　　　　　ⅳ　一人ひとりに合った支援をする。

③ 「時間」は活動の区切りごとに記入する（始まりと終わりの時刻を書く）

④ 「子どもの活動」「保育者の援助・留意点」は臨場感を出すために現在形で書く

⑤ 「子どもの活動」には子どもの変化と活動の様子を書く

　「だれと，何を，どのように」していたか，遊びのグループや傾向はどうかを，前日までとの違いを含めて書きます。体調面，安全面，子どもの習慣等も記録します。活動のまとまりに〇印，細かい活動に・印をつけて，読みやすく書きます。

　　例　〇「チェッコリ」を歌って踊る。
　　　　・A子とM子は，先生の腰の動きを上手にまねている。

⑥ 「環境構成」は図示し，教材教具や位置関係は箇条書きにする

　活動が変わるところでは環境構成も変わります。活動ごとに，子どもたちにどのように対応しているか，安全性や個人差への対応は適切かどうかも書き加えます。

⑦ 「保育者の援助・留意点」は，保育者の意図を読み取って書く

　保育者はどのように動いているか（子どもに声をかけながら，子どもが活動しやすいように場を整えながら，活動から外れてしまう子どもを支援しながら対応している等）について言葉や表情，動きなどから意図を読み取って書きます。

　　例　〇返事がよくできた子をチャンピオンにすると伝え，きちんと返事ができるようにする。
　　　　✕「いいですね。」と声をかけ，楽しく返事ができるようにする。

⑧ 「実習生の動き・気づき」は自分のかかわりや保育者の工夫を書く

　どのようにかかわったか，なぜそう気づき，感じたかを具体的に書きます。

(3) 実習日誌例

6月1週／6月5日　火曜日・実習クラス　もも組〔3歳児　担任　高橋道子先生〕
在籍児：男児10名，女児11名　（欠席者：男児0名，女児1名）
本日の保育のねらい・内容 　梅雨の時期の安全な生活に必要な態度を身につける。音楽集会：一生懸命練習する。
本日の実習のねらい（実習生の目標・ねらい・前日の反省） 　できるだけたくさんの子に声をかけ，かかわって遊ぶ。

実習経過の概略

時間	環境構成	子どもの活動	保育者の援助・留意点	実習生の動き・気づき
8:40 9:10	●ピアノ／絵描き／ドミノ／粘土 ・片づけの箱も用意してある。 ・ドミノ ・粘土板 ・画用紙	○準備が済んだ子から自由遊びをする。（粘土，絵描き，ドミノ＊①） ○片づけ ・Cさんがなかなか遊びをやめない。 ・1列に並ぶ。 ○トイレに行く。 ・D君が割り込みをした。 ・E君が泣いた。	○朝の支度を見守り，言葉がけをする。 ・B君も一緒にドミノをやるように声をかける＊②。 ○片づけを促す。 ・一緒に片づける＊③。 ・並ぶように促す＊④。 ・皆が静かに並べるように，できた子をほめる。 ○トイレへ誘導する。 ・「どうしたら仲よく並べると思う？」と小さな声で聞くと，D君もE君も落ち着いた。	○昨日支度ができなかったAさんが自分でやっていたのを，先生が大きな声でほめた。自信につながる。 ○自分が使ってないものまで片づけた子＊⑤に「ありがとう」と言うと意欲につながる。 ・ほめることで他の子もできるようになると分かった。 ・<u>自分たちで考えさせていて，よいサポートだと思った。</u>⇒＊練習1
9:30 10:00	ピアノ ● ● ● ● ● ● ● ● ● ● ● ● ● ● ・座る場所が分かるようにシールが貼ってある。	○音楽集会の練習をする。 ・「世界中の子どもたちが」を歌う。 ・手話をして歌う。	○先に座った子どもたちから順に歌えるように伴奏をして歌う。 ・「世界中の子どもたちが」をピアノで弾く。 ・先生も一緒に手話をし，「泣いたら」の時には悲しい顔をする。	○子どもたちはとても元気に歌っていた。よく練習しているのが分かる。 ・<u>保育者の手本があるので見ながら続けられると思った</u>＊⑥。

※1　＊印はそれぞれ次頁の①～⑥，練習1に対応，傍線は直しが必要な箇所。
※2　子どもの名前を書く場合，個人名が特定されないように仮称を用いる。

(4) 書き方チェック

前頁「(3) 実習日誌例」の傍線部の番号と，以下のチェック項目の番号は対応しています。番号順に書き方をチェックしましょう。

※ 実習日誌は園の方針によって書き方が多少異なります。園によっては会話文をすべて書くように指示される場合もありますので，確認が必要です。

① 自分がかかわった遊びを具体的に書く

「本日の実習のねらい」は「かかわって遊ぶ」です。自由遊びを羅列せず，自分がかかわった子どもたちの遊びに焦点を当て，誰が誰と何の遊びをどのようにしていたか，どのような会話があったかを書きます。

　改善例　Fさんが「昨日の続き。」と持ってきて始めたドミノにG君も参加する。近くにいたHさんに一つ手渡すと，3人で楽しそうに並べる。

② 「やるように」「やらせる」でなく子ども側の言葉で書く

「子どもができるように〜を促す。」「〜するように伝える。」などと書く。

　改善例　一緒に遊べるように「ドミノを長くしてみようか。」と伝える。

③ 子どもの活動に対する保育者の援助が分かるように書く

　改善例　「ドミノは楽しかったかな。またできるように先生と片づけしよう。」と声をかけ，一緒に片づける。

④ 保育者の配慮や言葉がけの意味を見取って留意点を書く

　改善例　行動が少し遅れたI君に「みんな待ってるね。」と笑顔で声をかけて，安心して集合できるようにする。

⑤ 「子」でなく「子ども」「園児」とし，子どもの名前をできるだけ書いておく

　改善例　自分が使っていないものまで片づけていたJさんに「ありがとう。」と言うことで，Jさんや他の子どもたちが片づける意欲につながる。

⑥ 保育者の援助の結果，変容したことを書く

　改善例　先生の手本があるので，安心して手話をつけて元気に歌える。歌詞の意味を考え，表情もつけて歌える。

練習 1　前頁の波線部「自分たちで考えさせていて，よいサポートだと思った。」では，保育者のしたことの何がどのように援助になったかが書かれていません。また，「サポート」ではなく「援助」(保育園や幼稚園の場合)か「支援」(施設の場合)という言葉を使って書く必要があります。書き直しましょう。

2 指導計画の書き方

保育者は，子どもが豊かな生活や体験を通して成長できるように，指導内容や方法，環境構成や具体的な援助について，先を見通した計画を立てることが求められます。

(1) 指導計画とは何か

指導計画には，「幼稚園教育要領」や「保育所保育指針」，「幼保連携型認定こども園教育・保育要領」に示された教育課程や全体的な計画が，適切に実践できるように書く必要があります。長期の指導計画には年間指導計画・期間指導計画・月間指導計画，短期の指導計画には週案や日案があり，部分指導案はさらに具体的になります。実践の評価や子どもの実態に合わせて計画を修正することも必要です。

PDCA を忘れずに

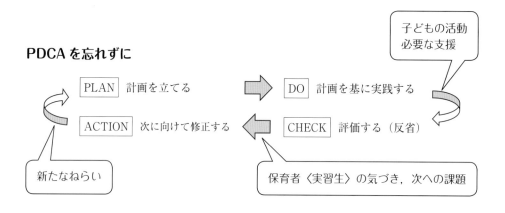

指導計画の位置づけ

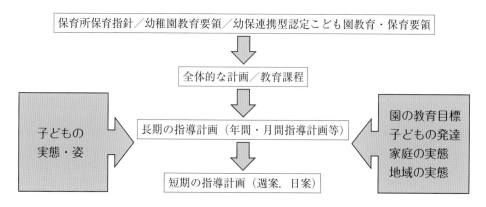

(2) 指導計画（日案，部分指導案）を書く前のチェックリスト

① 実習先（勤務先）の保育方針や目標

　自分が実習（勤務）する園には，幼稚園教育要領や保育所保育指針等を踏まえた保育方針や園の目標があるはずです。必ず確認しましょう。

② 指導計画の形式

　園によっては決まった形式で書くことがあります。項目の立て方や番号のつけ方等，書き方の注意事項の細かなところまで確認します。

③ 担当クラスの保育・指導計画を参考にする

　担当クラスの指導計画を見せてもらえる場合は，その内容に沿って計画を立てましょう。

④ 指導計画提出の締切日

　下書き，清書共に締切日を確認し，遅れないように書きましょう。

(3) 指導計画（日案，部分指導案）の形式例

実習実施日	月　日　曜日	実習生氏名	
○組△歳児　　名（男児　名，女児　名）		担任氏名	

子どもの姿	①前日までの子どもの姿を書く。遊び，生活，人とのかかわり，興味や関心等について書く。 ②０歳児の場合は，食事・排泄・睡眠・保健衛生・遊び等についてさらに細かく分けて立案する。 ⑥保育園の乳児の指導案では「養護にかかわるねらい」となる。その場合，主語は保育士になる。	ねらい	③子どもの姿を踏まえ，こうなってほしいこと，どんな育ちをしてほしいのかを書く。目の前の子どもの姿を一般的な発達の姿と比較すると課題が明確になる。 ④５領域のねらいを参考にし，具体的に育てたい姿を書く。 ⑤主語は子どもで，心情・意欲・態度を表す言葉が文末にくる。
		内容	⑦ねらいを達成するために子どもたちが経験することが「内容」に書かれる。 ⑧「主な活動」の欄がある際は，さらに具体的な活動を記入する。 ⑨内容の文末は「〜する」 　例　カルタ遊びを楽しむ。 　　　荷物の入れ方を知る。

時間	環境構成	予想される子どもの動き・様子	実習生の動き・配慮
例） 8：20 8：25 8：30 ⋮	⑩ねらいが達成され，意欲を高め，必要な経験ができるように用具・遊具・場の設定をする。 ⑪場を図示する。 ⑫「いつ・何を・どこに・どのように・だれが」準備して片づけるかを明記する。 ⑬安全面を配慮する。 ⑭主語は保育者	⑮子どもの実際の活動を予想して書く。 ⑯どのように興味をもって，どのように活動を展開し，どのように参加するかを具体的に書く。 ⑰主語は子ども 　例・椅子を持ってピアノの前に集まる。 　　・絵本『スイミー』を見る。	⑱保育者が留意し，配慮することを書く。 ⑲子どもの意欲や内容を達成するために，励ましたり援助したりする理由（何のために）と方法（どのように）を具体的に書く。 ⑳主語は保育者
評価 反省	㉑指導計画をもとに行った保育を振り返り，ねらい・内容・環境構成・保育者の留意点が適切だったか，改善できるところは何かを書く。		

(4) 降園時の部分指導案例

実習実施日	6月13日 木曜日	実習生氏名	佐藤 理恵
○組 3歳児　17名　（男児9名，女児8名）		担任氏名	高橋 道子

子どもの姿	・降園時の活動の流れが分かり，身支度を自分のペースで行えるようになってきたが，一人では難しく，手助けが必要なことがある。 ・早く座ろうとして，支度が雑になってしまうことがある。	ねらい	・友達や先生と一緒に，落ち着いて楽しい降園の準備をする。 ・身支度を自分で行う。
		内容	・絵本『もこもこ』の絵と言葉を楽しむ。 ・片づけの順番を知り，自分で身支度をする。

時間	環境構成	予想される子どもの動き・様子	実習生の動き・配慮
14:05	・絵本が見えるように椅子を並べておく。 ［ピアノ配置図］	○先生の前に集まる。 ・遊びの片づけ後，排泄・水飲みをする。 ・帰りの支度をして，椅子に座る。	・片づけが上手な子をほめ，一人でやろうとするように促す。 ・笑顔で声かけし，排泄や水飲みを見守る。 ・慌てずに椅子に座るように促す。 ・待つのも楽しいように，保育者と話す時間をもつ。
14:10	・座った子どもたちと小声で一日を振り返り，静かな環境をつくっておく。	○先生と今日一日のことを小声で話し，友達を待つ。	
		(中略)	
14:30	・障害物がないように確認しておく。	○降園する。	・ゆっくり誘導し，並ぶ援助をする。

評価 反省	・静かに待てたとほめたことで子どもたちの意欲が高まった。 ・端の方は絵本が見えにくいようなので，明日は椅子の位置を下げる。

ここをチェック！

① 「子どもの姿」と「ねらい」「内容」はつながりがあり，「環境構成」「予想される子どもの動き・様子（子どもの活動）」「実習生の動き・配慮（保育者の留意点・援助）」もつながっています。対応させて書きます。

② 「反省」は単なる感想ではありません。改善点が必要です。

③ 文末は常体に統一します。

④ 段落や用語をそろえて書きます。（例 「子ども」か「幼児」かを統一）

⑤ 「してもらう，してあげる」ではなく，「〜する」と書きます。

⑥ 「〜させる」ではなく，「できるようにする」とするか，「するように促す，遊ぶように促す，作るように促す，〜と伝える」等の言い方にして書きましょう。

(5) 制作時（ぴょんぴょんがえる）の部分指導案例

実習実施日	10月16日水曜日		実習生氏名	山田　太郎
○組5歳児　18名　（男児9名，女児9名）			担任氏名	高橋　道子
子どもの姿	・身近にあるものを工夫して遊んだり，紙を貼り合わせて別の形を作ったりすることを楽しんでいる。 ・はさみの使い方に慣れ，少し硬い紙でも切ることができる。		ねらい	○自分や友達が作ったもので遊ぶことを楽しむ。 ・制作の手順を確かめながら，遊べるものを作る。 ・はさみを安全に使い，制作を楽しむ。
			内容	・牛乳パックでぴょんぴょんがえるを作り，楽しく遊ぶ。

時間	環境構成	予想される子どもの動き・様子	実習生の動き・配慮
10:20 10:25 10:35	（ボード）● ピアノ ［座席配置図］ ・机（4台）と椅子（18脚）を並べておく。 ・机にクロスを敷いておく。 〈準備〉 ・5cm×7cm大の牛乳パック片40枚 ・輪ゴム20本（略）	○排泄，手洗いを済ませて座る。 ○先生の話を聞く。 ○ぴょんぴょんがえるを制作する。 ・材料を取りに行く。 ・牛乳パック片にある三角の印をはさみで切る。	・落ち着いて作れるように排泄を促す。 ・跳ばせて見せて，作る意欲を高める。 ・作り方の手順を説明する。 ・手順が分かるように，制作途中の物をボードに貼る。 ・はさみは専用箱に入れ，机上に置いておく。持ち歩くと危ないと伝える。 ・三角の1辺を切り，切りやすくしておく。
評価 反省	・作る手順が分かるようにボードを使ったので、見ながら制作できた。 ・作れた子が跳ばせて遊ぶスペースをもっと広くとる必要があった。		

ここをチェック

①「実習生の動き・配慮（保育者の留意点・援助）」には，保育者の配慮を具体的に書きましょう。

　　例　紙芝居が全員に見えるように，保育者が立って読む。

②否定的な言葉は使わないようにします。

　　例　✗遊べない子には…。　　○遊び始めるまでに時間がかかる子には…。
　　　　✗遅い子には…。　　　　○慎重な子には…。

練習 2　散歩の後に絵本の読み聞かせをする部分指導案を書きましょう。

3 実習礼状など手紙・葉書の書き方

実習施設では忙しい中で多くの方々が実習生のために貴重な時間を割いてご指導くださいます。実習が終了したら，直ちにお礼状を出すのが社会人としての常識です。実習を終えてから1週間以内に施設へ届くようにしましょう。

(1) 用具をそろえる

① 便箋と封筒

和封筒（縦長）と，縦書きの便箋を買います。実習は複数回行くことと書き損じを想定し，多めに買っておきます。色は白か，落ち着いたクリーム色のものを選び，封筒と便箋をセットで買うとよいでしょう。紙質が同じになるだけでなく，お礼状のためにきちんと準備した誠意が伝わります。また，あまり安価なものは避け，お礼の気持ちが伝わるような材質のものを選びます。

一生懸命実習に臨んだ自分の印象が，お礼状の手紙で決まると思って準備しましょう。

② 筆記用具

履歴書など改まった文書を書く場合は万年筆を使うので，今のうちに購入しておきましょう。万年筆が入手できない場合は黒のボールペンでもよいですが，にじまないものを用意します。線が太めに滑らかに出るものの方が，字が上手に見えます。

(2) 手紙の構成

手紙は次の四つのブロックから構成されています。ブロックごとに考えて言葉を書くと書きやすいでしょう。

① 前文

始めに書く，時候見舞いのあいさつの言葉です。「頭語」「時候のあいさつ」「相手の安否」等を書き，「頭語」と「時候のあいさつ」は改行します。

1) 7月の例

　　拝啓

　　　連日，厳しい暑さが続いておりますが，先生方には，お変わりなくお過ごしのことと存じます。

2) 10月の例

　　拝啓

　　　さわやかな秋晴れの日が続いております。皆様におかれましては，ますますご健勝のこととお喜び申し上げます。

② **主文**

お礼状の中心となる重要な部分です。お礼状の場合には、「お礼（書き出し）」「自分の学び」「お礼（まとめ）」の構成で書きます。

〈お礼（書き出し）の例〉

　このたびは、私の実習に際し、お忙しい中ご指導いただきまして、誠にありがとうございました。

〈自分の学び〉

　学んだこと、印象に残っていること、指導を受けたこと、園児とのかかわりによって気づいたこと、今後の目標などを書きます。

〈お礼（まとめ）の例〉

　利用者の皆様や職員の方々に優しく接していただいた感謝の気持ちを忘れず、これからも勉学に励んでまいります。

③ **末文**

手紙の最後に添える形式的な文章で「前文」と対になり、「結びのあいさつ」「結語」を書きます。「結びのあいさつ」「結語」は改行し、「敬具」は下方に書きます。

1）7月の例

　暑さ厳しき折、ご自愛専一の程お祈り申し上げます。

　　　　　　　　　　　　　　　　　　　　　　　　　　　　　　　敬具

2）10月の例

　日ごとに秋冷の加わる季節でございます。くれぐれもご自愛ください。

　　　　　　　　　　　　　　　　　　　　　　　　　　　　　　　敬具

④ **後付**

本文の後に書く、日付・自分の名・宛名のことです。宛名は上の方に書いて相手に対する敬意を表し、へりくだる意味で自分の名を下に書きます。自分の名前や所属は少し小さく書くと印象がよいようです。

```
【①前文】　拝啓（頭語）
　　　　　　さわやかな…（時候のあいさつ）

【②主文】　このたびは私の実習に際し…（お礼　書き出し）
　　　　　　実習で学んだことは…（学び）
　　　　　　皆様からご指導いただいた…（お礼　まとめ）

【③末文】　日ごとに秋冷の…
　　　　　　　　　　　　　　　敬具〈かしこ〉

【④後付】　十月五日
　　　　　　　　　　　○○大学
　　　　　　　　　　　◇◇
　　　　　　　　　　　◇◇
　　　　　　社会福祉法人○○学園
　　　　　　園長　△△
　　　　　　　○○様
```

(3) 封筒の書き方

① 表
1) 相手の名前は，真ん中に大きめの字で書きます。
2) 相手の住所は，相手の名前より少し小さい字で書きます。

② 裏
1) 大学名と大学の住所（個人の住所は書きません），自分の名前を表書きの文字より小さめに書きます。
2) 封筒の左に寄せて書く方法と，封筒の折れ目の右に大学の住所と大学名，左に自分の名前を書く方法の二種類があります。

(4) 注意事項

① 節（句）の途中で区切れないように改行を工夫します。頁の最後が「敬具」となり，2枚目が署名と宛名だけになるようなことは避けましょう。
  - ○ 特に印象に残ったのは全体を見ることの大切さです。はじめのうちは困っている子になるべく寄り添いたいと思い，どうしても……
  - × 特に印象に残ったのは全体を見ることの大切さです。はじめのうちは困っている子になるべく寄り添いたいと思い，どうしても……

② 便箋1枚の場合，白紙1枚を入れるのが礼儀といわれることもありますが，入れずに1枚で出しても大丈夫です。しかし，お礼の気持ちを表す手紙なので，主文を増やしてお礼状そのものが2枚になるように書くのが理想的です。

③ 必ず下書きをします。同じ大きさの紙に鉛筆で書き，それを見ながら清書するとよいでしょう。パソコンで下書きを作成する場合，下書きを保存しておきます。

④ 数字を書く場合，縦書きでは漢数字を使う方が無難です。

⑤ 一文字でも間違ったら，修正液等で直さずに，はじめから書き直します。

⑥ 郵便料金を確かめましょう。封書は重さで料金が変わります。

⑦ 封筒はのり付けします。テープやステープラーは使いません。

⑧ 手紙に対し，葉書は簡便な方法です。葉書は人が目にすることもあるので，秘密のことやあまりにも個人的なことは書きません。実習のお礼状も封書で出します。

⑨ 葉書は略式だと考えると，葉書では冒頭語や前文も省略してもかまいません。

⑩ 葉書の文字数は限られているので，詳しく書く必要がない場合に用います。詳しく書けないからといって相手に分からない文面では困るので，内容の組み立てをよく考えて書きます。

⑪ 葉書の末文は1行程度ですませ，日付は書き切れなければ表面の署名の上に付け加えます。

⑫ 手紙も葉書も，相手に読みやすい文字の大きさを考えて書きましょう。

（5）お礼状（手紙）の例

1枚目

拝啓
　連日厳しい暑さが続いておりますが、皆様におかれましてはお変わりなくお過ごしのこととぞんじます。
　このたびは、私の実習に際し、お忙しい中ご指導いただきまして、誠にありがとうございました。
　特に印象に残ったのは全体を見ることの大切さです。はじめのうちは困っている子になるべく寄り添いたいと思い、どうしても気になる子に声をかけてしまいました。しかし、先生方の対応の仕方や声かけなどを実際に見ることで、個別にかかわりながらも全体を見ることに対する理解を深めることができました。
　また、それぞれのクラスの年齢に応じた目標や、……略

（主文は6行以上書く。）

2枚目

　利用者の皆様や、職員の方々に優しく接していただいた感謝の気持ちを忘れず、これからも勉学に励んでまいります。

　　　　　　　　　　　　　　　　　敬具

七月三十日

　　　　　　　　　　○○○大学
　　　　　　　　　△△学科二年　佐藤　理恵

社会福祉法人　○○○会　○○学園
施設長　高橋　道子様

(6) お礼状（葉書）の例

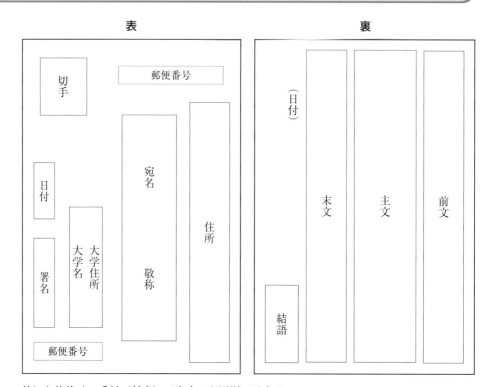

注）お礼状は，手紙（封書）で出すのが原則ではある。

III ● 書く 活用編

電子メールの書き方

携帯電話やパソコンが普及し,電子メールを多くの家庭で使うようになりました。携帯電話の普及に伴い,かつて年度始めに配布していた電話連絡網に代わり,「緊急メール受信システム(名称は異なる場合あり)開設のお知らせ」の用紙を配布して,幼稚園や保育園からの電子メールを保護者が受信できるように勧める園が増えてきました。毎月のお便りは紙で配布したとしても,保護者への緊急連絡や確認の連絡には電子メールを使うことが主流になっています。

(1) 電子メールの利点

① **緊急の連絡でもすぐに届く**

電子メールを送信すれば,すぐ相手に届きます。「台風が近づいているのでお迎えを頼みたい」「けがをしたのですぐに病院に来てほしい」など,緊急の要請にも使えます。

② **すぐに返事をもらえる**

相手からすぐに返信を受け取ることができます。相手が今どのような状況で,すぐに来られるのかどうかも分かります。

③ **多数の保護者に連絡できる**

一通の電子メールを一斉送信すれば,多数の保護者への連絡が可能です。「明日は遠足でいつもと登園時刻が違うので注意してほしい」「帽子を忘れずに持ってきてほしい」など,明日必要な情報を一斉に知らせることができます。

④ **電話には出られなくても電子メールは都合のよい時間に確認できる**

仕事などで忙しくて電話には出られなくても,電子メールなら手の空いたときに確認でき,周りの人に音声で迷惑をかけることもありません。

他にも,写真が送れる,クラスごとの連絡も園全体の連絡も設定で変えられる,低コストである,日本語を母語としない保護者へ連絡する場合に電話では難しくても文面なら伝えられる,伝わったかどうかの確認の電話が不要である,電話連絡網からの個人情報の流出が防げるなど,多くの利点が考えられます。

緊急メールの例

こちらはすみれ幼稚園緊急メールです。

本日午前11時,台風20号の接近に伴い◇◇地域に暴風警報が出されました。

子どもたちの安全を考慮し,本日の送迎バスなかよし号の出発を午後1時に変更します。お迎えの際には雨や風に十分注意してください。　　園長

---

(2) 電子メールのマナー

便利な点が多い電子メールでの連絡ですが，逆に，気をつけなければならない点，守らなければならない点も多くあります。

第一に注意すべきは独断では送れないということです。電子メール送信の必要があって自分で作成しても，送信の決定をするのは管理職です。他にも次のような注意点があります。気をつけましょう。

① 友達へのメールではない

相手は保護者です。自分のクラスへの連絡であっても，個人への連絡であっても，友達同士で使うような書き方はしません。絵文字，スタンプ，若者言葉（いわゆるタメ語も）を使いません。

  ✕ （笑） ✕ ＋＿＋ ✕ 😍 ✕ お願いしまーす

② 入力ミス，変換ミスをしない

お便りの作成の際にも入力ミスや変換ミスには気をつけますが，電子メールでも同様です。特に緊急メールを送信する場合は送る側が急いでいるので，一層注意が必要です。書いたら必ず音読し，複数の目で確認して間違いのないように作成して送ります。

③ 個人的な電子メールのやり取りをしない

園のアドレスを使って個人的なやり取りをしません。保護者はあくまでも保護者であり，仲よくなっても節度をわきまえて接することが必要です。また，個人的に連絡先を聞かれて電子メールのやり取りをすることも許されません。誤解を招く行動になるので注意しましょう。

④ 個人情報の管理を厳格にする

電話番号も同じですが，保護者のメールアドレスを勝手に他者に教えることは許されません。保護者から集めたメールアドレス等は個人情報なので，園からの連絡以外には決して使わないようにします。保護者にもその旨を説明した上で，電子メール受信の設定をお願いする必要があります。

⑤ だれからだれに送る電子メールか明確にする

相手にだれから送られてきたか明確に分かるように，園からの電子メールであることをはじめに明記し，署名を忘れずに行います。

⑥ 分かりやすい文面にする

伝える情報は短く，分かりやすく，間違いなく送る必要があります。転送する場合はもとの文面を変えずにそのまま送ります。

(3) 電子メールの作成

基本の形は次の通りです。分かりやすく誤解のない文面を作成します。

| ①あいさつ文
②名乗る
③連絡事項
④内容

⑤署名（通常は園長） | いつもお世話になっております。
ひまわり保育園です。
バザーへのご協力のお願いです。
12月9日のバザーの品物のご寄付をお願いします。
　バザー品の募集は11月15日から26日までで，園の玄関脇にコーナーを設けます。新品の石鹸・タオル・食器や子どもの古着等，よろしくお願いします。　　　　　　　　　　園長 |

文例1　緊急メール（園から全保護者へ）
　こちらはひまわり保育園緊急メールです。
　◇◇警察署より不審者情報が入りました。昨日午後3時，△町大山公園近くで公園で遊んでいた5歳児に声をかけて飴を渡す不審者が目撃されました。5歳児は近くにいた同級生の保護者を呼んだため被害はありませんでしたが，くれぐれもご注意ください。　園長

文例2　役員会のお知らせ（園から役員をしている保護者へ）
　おはようございます。すみれ幼稚園です。本日11時から会議室で学年役員会を行います。議題は秋の行事の役割分担についてです。役員の皆様のご出席をお願いします。　園長

文例3　遠足の帰園時刻を知らせるメール（園からクラスの保護者へ）
　こちらはすみれ幼稚園緊急メールです。
　午後1時，ひよこ組は○○動物園を出発しました。帰園時刻は予定通り午後1時30分頃になる見込みです。道路状況により遅延が予想される場合はまたお知らせします。　園長

文例4　発熱したことを個別に保護者に知らせるメール
　いつもお世話になっております。ひまわり保育園です。お迎えのお願いです。花子さんが散歩途中に具合が悪くなり，午前10時半には熱が37度7分あったので早めに戻って保健室で休んでいました。先ほど（午前11時半）嘔吐し，熱が38度6分に上がりました。ご連絡をお願いします。　園長

練習3　幼稚園から保護者への電子メールの文面を作成しましょう。
　設定：幼稚園の遠足の集合時刻の確認，午前7時50分，園庭に集合
　発信：前日の夕方に園長名で発信

（4）パソコンでのメール作成

パソコンで送るメールの作成には，携帯メールとやや異なる形が求められます。
次の例は，地域の読み聞かせの会に参加させていただいたお礼のメールです。

①宛名	○○町お話の会 　　代表　高橋　道子様
②名乗る	いつもたいへんお世話になっております。△○大学◇◇学科２年の山田太郎です。メールにて失礼します。
③連絡事項	先日は図書館のお話の会に２度続けて参加させていただき，ありがとうございました。
④内容	お話の会で，どの年齢の子どもたちも楽しそうに聞いていたのが印象的でした。その日の参加者を見て，用意した絵本の中から何冊か選ぶと聞き，かなり準備をされていると分かりました。 　また，わらべうたのおもしろさには引き込まれました。何度もやってくださったので覚えることができ，自分が実習で行うわらべうたに具体的なイメージがもてました。 　今回いただいたアドバイスを基に，少しでも準備をして実習に臨みたいと思います。 　今後とも，よろしくお願いいたします。
⑤署名	△○大学◇◇学科　　山田　太郎

次の点に注意しましょう。

① **改まった相手には「メールにて失礼します。」**

　初めての相手や，改まった対応が必要な相手には，「メールにて失礼します。」「突然，メールにて失礼します。」等と，一言添えて本文に入ります。

② **先に「いつもお世話になっております。」「たいへんお世話になっております。」**

　いきなり本題に入るのではなく，あいさつ文から入ります。

③ **適度な空白が効果的**

　間をつめず，内容の区切れ目に空白を入れると，より読みやすくなります。

練習 4　児童館へ，和太鼓10台を借りたお礼のメールを作成しましょう。
　　　　設定：幼稚園のお祭りで和太鼓を使用，明日児童館へ返却
　　　　発信：お祭りが終わった翌日，児童館の館長宛に担当者から連絡

履歴書の書き方

保育者になるためには，公務員なら市町村等に，私立園であれば希望する園に履歴書を提出します。手書きが一般的で，記入内容はもちろんですが，文字の大きさや形，丁寧さなどの書きぶりから，「几帳面」「ものぐさ」などの人間性も表れてしまいます。書き方の決まりを学びましょう。

(1) 書く前に気をつけること

① 履歴書の用紙

大学指定のものか市販のもの，どちらでもよいです。市販の場合はＡ４判を選びます。失敗した時のために多めに（2～3部）買っておきましょう。

② 筆記用具

万年筆が望ましいです。ボールペンで書くこともあります。鉛筆で薄く下書きをしてからペン書きをし，鉛筆の線はきれいに消しましょう。

③ 写真

1) 写真店……スピード写真は使わず，専門店で撮影します。仕上がりまで時間がかかるので早めに用意します。（縦横何cmか確認）
2) 服装……写真を撮る際の服装は，黒・紺・グレーのスーツがよいでしょう。白のワイシャツやブラウスを着ると，顔が明るく映えます。
3) 髪型……清潔感のある髪型にします。女子は長い髪は束ね，ナチュラルなメイクを心がけましょう。男子は無精ひげなどに注意します。細すぎる眉や長すぎる前髪，茶髪は印象を損ねます。
4) 表情……口は閉じて少しほほえみ，明るい表情で撮ります。

④ 内容

記入内容の正確な年月日（西暦か和暦か），名称を確認しましょう。

(2) 実際に書くときに気をつけること

① 下書きをする

購入した履歴書を2～3部コピーして，鉛筆で下書きをします。下書きが完成したら大学の先生などに添削してもらい修正します。パソコン等で下書きをした後，手書きで清書する方法もあります。

② 読みやすい文字で書く

楷書で，丁寧に，読みやすい大きさで書きます。とめ，はね，はらいなどの一画の終わりを正確に書き，右に6度上げると美しく見えます。

③ 間違えたら書き直す

　二重線や修正液で気軽に消すと，履歴書を重要な文書として扱っていないことになり，就職への考えも浅い印象を与えてしまいます。

④ 各項目の書き方

1) 印鑑……曲がらないように，かすれないように，練習してから押します。名前の最後の文字に少しかかるように押すとよいでしょう。
2) 住所……住民票などで確認し，正確に書きます。
3) 学歴……中学校以上を書きます。
4) 職歴……アルバイトは含めません。なければ「なし」と書きます。
5) 免許・資格……保育士資格・幼稚園免許等は「見込み」として必ず書きます。（運転免許，英検，漢検等は就活担当者等に相談する。）
6) 趣味・特技……面接の時に具体的に答えられることを書きます。
7) 健康状態……「良好」と記入できるように，日頃から健康に留意しましょう。
8) 志望動機……きっかけ，自分の特性や抱負，園の方針等を踏まえて書きます。
9) 自己PR……自分の長所，長年続けてがんばってきたこと，学生生活での目立った活動，困難を克服した経験，仕事への意欲などの中から，二つくらい（多くても三つ）を具体的に書きます。

(3) 提出するときに気をつけること

① クリアファイルに入れ，Ａ４判の封筒に折らずに入れます。
② 郵送する場合は，重さを確認し，郵便料金に不足がないようにします。
③ 郵送する場合は，「送り状」を同封します。

(4)「送り状」の書き方

```
                                          令和○年○月○日
社会福祉法人○○会　ひまわり保育園
園長　　高橋　道子　様
                              ○○短期大学　保育学部　2年
                                          佐藤　花子㊞

              採用試験の書類の送付について

　拝啓
　貴園におかれましては，ますますご隆盛のことと存じます。
　さて，貴園の保育士採用試験に関する応募書類を下記の通り送付いたします。
ご査収の程，よろしくお願い申し上げます。
                                              敬具

                        記
            1　履歴書                   1通
            2　保育士資格取得見込み証明書  1通
            3　健康診断書               1通
                                              以上
```

履歴書の例

履 歴 書

令和　年　月　日現在

写真添付欄
4×3

裏面に大学名・学部・学科・氏名を明記すること

ふりがな	やまだ たろう	
氏　名	山 田 太 郎　㊞	
生年月日	昭和・平成　00年 00月 00日生（満 00歳）	男・女
携帯電話番号	000-0000-0000　　E-Mail　××× @△△.△△	

ふりがな	○○けんやまだしたなか	電話
現住所	〒420-0911　○○県山田市田中00番地000号	（000）0000-0000
ふりがな		電話
上記以外の連絡先	〒　-　（現住所以外に連絡を希望する場合のみ記入）　同上	（000）0000-0000

年	月	学 歴・職 歴
		学歴
平成27年	3月	○○県○○市立○○中学校　卒業
平成27年	4月	○○県立○○高等学校　入学
平成30年	3月	○○県立○○高等学校　卒業
平成30年	4月	○○短期大学○○学部○○学科　入学
令和2年	3月	○○短期大学○○学部○○学科　卒業見込み
		職歴
		なし
		以上

年	月	免 許・資 格
平成26年	5月	実用英語技能検定準2級　合格
平成28年	10月	珠算技能検定1級　合格
令和元年	8月	普通自動車第一種運転免許　取得
令和2年	3月	幼稚園教諭第二種免許状　取得見込み
令和2年	3月	保育士資格　取得見込み

履歴書の例

自己紹介書

学業分野(得意科目・卒業研究等)
・卒業論文のテーマ及びテーマ設定の理由等
・苦労したこと,頑張ったこと,工夫したこと等
・卒業研究の結果として分かったこと等
・卒業研究に伴う自分自身の成長等
学業以外(サークル活動・ボランティア活動等)
・サークル活動の内容等
・所属したサークルでの活動内容及び自分の果たした役割等
・苦労したこと,頑張ったこと,工夫したこと等
・活動を通して学んだこと等
・活動に伴う自分自身の成長等
趣味・特技等
①趣味:概要説明　　※面接で聞かれたら具体的に話せるように準備しておく。
②特技:概要説明　　※面接で聞かれたら具体的に話せるように準備しておく。
自己PR
・学生生活において特に目立った活動や表彰等
・これまでに特に頑張ったことや努力したこと等
・自分の性格や学力,技能等の面で特に優れていると思われること等
・以上の点が希望する職業の上でどう活かされるか等
志望動機
私の貴園への志望動機は以下の通りです。
・その業種,職種を志したきっかけ等
・自分が就職を希望する園等の理念,方針等への共感等
・就職したら自分が特に力を入れて頑張りたいと思っていること等
※以上のような内容について箇条書きにする。
通信欄
※特に伝えておきたいことがあれば書く。なければ記載不要。

就職試験のための小論文の書き方

　保育系の就職試験では,「小論文」「作文」の両方が見られます。「小論文」では,客観的な根拠を示して自分の考えを論じることが求められるのに対して,「作文」では,直感的・文学的な表現も認められます。しかし,現代社会では,論理的思考力・表現力が重視されていることをふまえ「作文」でも根拠を示した明快な文章を書きましょう。以下,「小論文」という呼び方に統一して話を進めます。

(1) 試験の形態（いつ書くか・字数・試験時間）

　小論文の出題形式には,大きく二通りあります。事前に書き上げたものを履歴書などと一緒に提出する場合と,試験当日に試験会場で書く場合です。

① 事前に書いた小論文を提出する場合

　テーマ,字数を守って書きます。事前調査の時間が十分にあるので,より有力な根拠を見つけたり,曖昧な知識は正確に調べ直したりしましょう。その努力をした人と,手間を惜しんだ人との差は大きく表れます。

② 試験当日に試験会場で書く場合

　試験会場で書く場合は,テーマ・字数・試験時間に応じて短時間で文章をまとめなければなりません。事前に,前年度までの試験の傾向を調べ,それに合わせて何度も練習しておく必要があります。大学では,担当者が毎年受験者から情報を収集しているので,担当者に直接足を運んで尋ねるとよいでしょう。

③ 字数と試験時間

　字数や試験時間はさまざまですが,全体的には「800字・60分」が多く見られます。前年度と同じ条件で繰り返し書く練習をしておきましょう。

(2) 小論文試験のための事前学習

① 長期的事前学習

1) 普段から読みやすい文字を書くように心がける

　試験中は文章をまとめることに精一杯で,普段の文字がそのまま出ます。その都度調べる努力によって,漢字力や語彙力は向上します。

2) 情報収集をする

　社会情勢について,子どもの発達についてなど,保育の就職試験の小論文で使えそうな事例を普段から収集しておきましょう。ニュースや新聞,読書で得た情報はノートなどに記録しておくとよいです。自分自身についても,この機会にこれまでの出来事や自分の特徴などを見つめ直して,整理しておきましょう。

② 短期的事前学習（直前にできること）
1）根拠となる具体的事例を書きためておく

　小論文で最も時間がかかるのは，根拠となる具体的事例です。試験の1〜2か月前には，小論文の材料になりそうな具体的事例を10以上実際に書いて練習しておきましょう。次のような内容は，多くのテーマに応用できて便利です。

　　ⅰ　自分自身のことに関して（長所・特技・幼稚園や保育園での思い出など）
　　ⅱ　保育実習で学んだこと（実際の事例とそこから学んだことなど）
　　ⅲ　ニュースや新聞の情報から（保育の社会問題・災害・事件など）
　　ⅳ　地域の特色について（祭り・産業・観光・特産物など）

　一つの事例について200〜300字程度の文章にまとめて繰り返し読み返しておきましょう。試験当日は，その中から与えられたテーマに合う事例を選んで書けば，短い時間で効率的にまとめることができます。

2）自分が受験するところの過去問題を五つ以上実作してみる

　はじめの1〜2回は，時間を気にせず書いてみましょう。慣れてきたら時間を計りながら練習します。時計は当日使用する時計を使うようにしましょう。

　文末は，小論文では「常体」（「〜だ。」「〜である。」）が一般的ですが，敬体（「〜です。」「〜ます。」）の場合もあります。両者が入り交じらないように統一します。

(3) 小論文の文章構成

　小論文の文章構成の基本は「はじめ」「なか」「まとめ」「むすび」です。これを応用して入れ替えることもできます。（pp.48-49参照）

```
文章構成の基本　　＊字数は「800字」で書く場合の目安
　「はじめ」…全体のあらまし……………………………1／10（約　80字）
　「なか」……客観的根拠となる具体的事例……………7／10（約560字）
　　　　　※事例は，二つまたは三つがよい。
　　　　　　　二つの場合は，一つ280字程度（詳しく書ける場合）
　　　　　　　三つの場合は，一つ180字程度（事例が多く浮かんだ場合）
　「まとめ」…考察（事例に共通して言えること）………1／10（約　80字）
　「むすび」…主張（全体を通して最も自分が言いたいこと）…1／10（約　80字）
　　　　　※「まとめ」と「むすび」は，まとめて一段落で書くこともできる。
```

(4) 試験中の手順

試験が始まったら，次の手順で書くとよいでしょう。メモは答案用紙の余白や裏面を使い，最後にきれいに消します。

① **テーマから思い浮かぶ事例をたくさん書き出す**

与えられたテーマから，根拠として使えそうな事例を書き出します。

（例　テーマ…「信頼される保育者とは」

思い浮かぶ事例…「あいさつ」「連絡帳」「保護者との会話」「けがへの対応」

「言葉遣い」「保育参観」「笑顔」など

② **思いついた事例から主張できそうな自分の意見を決める**

（例　「信頼される保育者になるには，日常の小さな積み重ねが重要である。」）

③ **自分の主張にとって効果的な事例を二つ（または三つ）選ぶ**

（例　主張「信頼される保育者になるには，日常の小さな積み重ねが重要である。」

事例①「あいさつ」（なか1）　　事例②「言葉遣い」（なか2）

〈事例③「連絡帳」　（なか3）　　※事例を三つにする場合〉

④ **文章構成表を作る**

答案用紙の余白や裏面を活用して，全体の文章構成をまとめます。家を建てる場合の例で考えると，設計図にあたり，最も大切な作業です。

```
「はじめ」保護者から信頼される保育者とは
「なか1」あいさつ
「なか2」言葉遣い
（「なか3」連絡帳）
「まとめ」日常の小さな積み重ねが重要
「むすび」毎日の一つ一つの瞬間を大切にして，保護者から信頼される……
```

⑤ **紙面を薄い線で区切る**

「はじめ」「なか1」……のそれぞれのおおよその分量が分かるように，答案用紙を薄い線で区切って書きましょう。

⑥ **書き終わり**

できれば最後の行まで書けるとよいです。字数オーバーは採点されません。

⑦ **読み直す**

誤字・脱字は，基礎学力不足と判断されます。間違いに気づいたら，時間内で直せる範囲で修正します。

(5) よく出題されるテーマ例

〈保育に関するテーマ〉
①あなたが目指す保育とは
②幼小連携について
③遊びと保育
④幼児虐待について
⑤子育て支援について
⑥保育における地域貢献とは

〈その他のテーマ〉
⑦社会人として必要なこと
⑧最近のニュースで気になること
⑨チームワークとは
⑩環境問題について

練習 5

① 上記のテーマから一つ選び，400字，40分で小論文を書いてみましょう。
② 上記のテーマから一つ選び，800字，60分で書いてみましょう。

(6) 小論文の例

「私の目指す保育とは」（約800字）
　私は，子どもの頃から自分より小さな子たちの世話をすることが好きで，保育の仕事にあこがれていた。その漠然とした気持ちは，次の体験を通して明確な目標となっていった。
　一つ目は，私が幼稚園の年長の時の体験である。私は運動が苦手で，部屋の中で遊ぶことを好む子どもだった。鬼ごっこでもずっと鬼ばかりでいつも泣いていた。そんなとき担任の佐藤先生は，「一番たくさん走ったのは花子ちゃんだね。」とほめてくれた。その声を聞いて私は泣くのをやめ，笑顔でみんなの後を追いかけた。
　二つ目は，中学校の職業体験学習で保育園に行った時の体験である。年中クラスにほとんど話をしない男の子がいた。誰が声をかけても，笑顔で首を縦に振るか横に振るだけだった。「こんにちは。」と声をかけても返事はなく，私はその子の隣に黙って立っていた。そこへ担任の先生が来て，「太郎君の笑顔はいつもすてきだね。」と声をかけていた。周りの友達も話をしない太郎君を自然に受け入れて仲良く遊んでいた。
　三つ目は，大学二年の保育実習の時の体験である。運動神経がよく，鉄棒では逆上がりや前回りでくるくるまわってみんなのお手本になっている子がいた。絵も上手で，読み書きも一番よくできるのに，なぜかいつもうつむいて寂しそうだった。担任の先生によれば，保護者の方の理想が高く，どんなに頑張ってもなかなかほめてもらえないそうだ。
　これらの体験から私は，子どもは一人ひとり違った個性を持っており，比べて優劣をつけてはいけないことを学んだ。毎日の生活の中でよいところをたくさん見つけてほめることで，子どもは活動への自信や意欲をもち，それがその後の成長への力になる。
　子どもが好きなだけでは保育者は務まらない。今後，保育の学習や実践を重ね，広い視野から子どもを認め励まして，自己肯定感をもつ子を育てる保育を目指したい。

連絡帳の書き方

　連絡帳は，担任と保護者の情報交換の場であると同時に，子どもの成長記録という一面もあります。「書くこと」が苦手だと，日々の連絡帳が負担になります。大学生のうちから，文字や文章を書くトレーニングをしておきましょう。

(1) 連絡帳を書くための基礎的な言語能力

① 文字表記の力

　保護者は，帰宅後の忙しい中で連絡帳を読みます。筆圧，文字の大きさ，形などに気をつけて読みやすい文字を書きましょう。誤字・脱字は保護者を不安にさせます。
　今のうちから分からない漢字は辞書で調べるなどの習慣をつけ，その都度一つひとつ確認しておきましょう。

② 現実を言語化する力

　子どもたちは登園から降園まで，次々とたくさんの活動を行っています。流れゆく現実の出来事の一コマをとらえて，言語化して保護者に伝えることは簡単なことではありません。普段から，読書などを通して語彙を増やしたり，日記をつけたり，適切な言葉を選んで会話したりする努力が必要です。

③ 文章にまとめる力

　文章にまとめるために必要な力には，二種類あります。一つは「簡潔で分かりやすく書く力」です。もう一つは「様子を詳しく描写する力」です。詳しく描写するためには，その前提として観察力も必要となります。保護者が読みたくなる連絡帳を書けるように，今から書くことのトレーニングをしておきましょう。

(2) 連絡帳の種類や使い方

　連絡帳の形式には，次のようにさまざまな種類があります。

① 3歳未満児用の連絡帳

　乳児の場合は，睡眠・食欲・排泄・機嫌・遊びの様子などの健康状態を知らせることが主な目的となります。それらが一目で分かるように，項目別，時系列に記入できるものが多く用いられています。

② 3歳以上児用の連絡帳

1) 項目ごとの枠があるもの
　「生活」「遊び」「その他」などの項目ごとの枠に記入します。
2) 横罫のみのノートに自由に記述するもの
　項目は決めず，自由に記述します。5～6行で書く場合が多いようです。

③ 毎日記述する場合

　保育園では，お昼寝の時間帯を利用して，毎日書くことが多くなっています。また，3歳未満児の場合は，保護者との細やかな連絡が必要であることや保育士一人当たりの人数が少ないことなどから毎日書くことが多いようです。

④ 毎日は記述しない場合

1）連絡する内容が生じたときに記述する

　幼稚園では，降園時間も早くお昼寝の時間もないことから，連絡すべき内容が生じた時だけ書く園が多いようです。

2）何人かずつ順番で記述する

　クラス全員に書く時間が取れない場合，人数を決めて順番に書くこともあります。

(3) 連絡帳を書く上で気をつけること

① 日付を書く

　記録として日付は必ず書きます。ノートの表紙には年度やクラス名なども書いておきましょう。成長記録としてずっと大切に取っておく家庭も多いので，大人になってから見たときに「何年」の記載が重要になります。

② 文章は分かりやすく簡潔に書く

　連絡帳の主な目的は次のようなものです。
　・家庭や園からの連絡や質問，要望を伝える。
　・家庭や園での日々の子どもの様子を知らせる。
　・子どもの変化や成長を知らせる。
　保護者が読んで，すぐに意図が理解できるように簡潔に書きましょう。

③ 具体的な描写を交えて様子が目に浮かぶように書く

　園での様子や成長を伝える場合は，具体的に詳しく書くことが効果的です。

④ 文字は読みやすく丁寧に書く

　短時間で書かなければならない場合が多いので，日頃の力が出ます。急いで書いても，正しく読みやすい美しい文字が書けるように普段の努力が必要です。

⑤ 敬体で書く

　「～です」「～ます」を用いて敬体で書きます。親しみやすさと馴れ馴れしさは違います。保育者の立場をわきまえ，丁寧な言葉遣いを崩さずに書きましょう。
　　　✕「お母さん大変だったね。よく頑張って，すごいなあ。感激！」
　　　〇「それは大変でしたね。お母様の頑張りには頭が下がります。」

⑥ 基本的によいことを中心に書く

　連絡帳に書いたことは，一生残る記録となります。基本的にはよいことを中心に書き，欠点や改善点は送迎の時を利用したり場を設定したりして口頭で伝え，記録として残さない配慮が必要です。

⑦ 教育用語は避ける

「幼稚園教育要領」「保育所保育指針」「教育課程」「評価」「発達段階」などは，一般の保護者には分かりにくい言葉なので，使わないようにしましょう。

⑧ 返事が難しい質問には即答しない

自分の知らないことや決めかねる質問には，「よく調べて後ほどお知らせします。」と書き，先輩や主任に相談してできるだけ早く返事をします。

⑨ 双方で読んだことを確認する印をつける

読んだことを確認するために，サインや印鑑を押すことを約束しておきましょう。

⑩ 読み忘れ防止の工夫をする

毎日記述する場合には読み忘れはありませんが，そうでない場合は連絡帳に書かれていることに気づかない心配があります。記入したページを輪ゴムやクリップで留め，出席ノートに挟むなどの工夫をして確実に伝わるようにしましょう。

⑪ 連絡帳で間違えやすい漢字

練習 6 次の漢字や送り仮名，仮名遣いを正しく書き直しましょう。

✗申し訳けありません　〇（　　　　　　　）
✗気嫌が悪い　　　　　〇（　　　　　　　）
✗心が暖かい　　　　　〇（　　　　　　　）
✗興味深深　　　　　　〇（　　　　　　　）
✗幼ない　　　　　　　〇（　　　　　　　）
✗一人づつ　　　　　　〇（　　　　　　　）
✗前後策　　　　　　　〇（　　　　　　　）
✗言葉使い　　　　　　〇（　　　　　　　）
✗気遅れする　　　　　〇（　　　　　　　）
✗卒直　　　　　　　　〇（　　　　　　　）

(4) 連絡帳の文例

連絡帳の実際の文例を紹介します。よい例と悪い例を比べてみましょう。

〈保護者からの文例〉

> 昨日の運動会，お世話になりました。子どもたちが一所懸命に頑張っている姿を見て，つい涙ぐんでしまいました。去年と比べて大きく成長した子どもの姿を見ることができて，本当に感動しました。家ではまだまだ赤ちゃんで，弟や妹のおもちゃを取って泣かせたりわざと嫌がることをしたりして私を怒らせてばかりいます。やっぱり保育を専門に学んでいる先生のようにはいかないな，と自分のしつけが心配にもなりました。

〈保育者のよくない文例〉

> 昨日の運動会，ご苦労様でした。子どもたちははじめはわがままばかりいっていたのですが，「お父さんやお母さんが見に来て，みんなのそんな姿を見たらがっかりするよ。」と気合いを入れたら，急に頑張り出しました。「やればできるじゃない。」とほめながら何とか頑張ってきました。おうちではまだお兄ちゃんになりきれないようですが，そのうちしっかりしてくると思います。長い目で見守りましょう。お母さんの優しさに甘えてしまうのかもしれませんね。

- 「ご苦労様」という上から目線ではなく，協力に感謝すべきである。
- 脅かして嫌々練習させたように受け取られる。
- 現時点で「しっかりしていない」と子どもをマイナス評価している。
- 母親の対応が甘すぎると言っていることになる。

〈保育者のよい文例〉

> 昨日の運動会では，お忙しい中ご協力いただき，ありがとうございました。子どもたちの成長を認めていただけて本当に嬉しいです。おうちの方の応援のお陰でさらに力を発揮できたのだと思います。園での様子に比べてお家ではまだ幼いとご心配のようですが，子どもたちもいつも緊張していては疲れてしまいます。おうちで安心して甘えることができるから，また園で頑張れるのだと思います。今後ともご協力の程，お願いいたします。

- 運動会の協力への感謝を述べている。
- 力を発揮できたのは，保護者の応援のお陰と冷静に分析している。
- 家と園で子どもの態度が違うのは当然であるとして，保護者を安心させている。
- 安心できる場所としての家庭の役割を明確に伝えている。

8 クラス便りの書き方

どこの幼稚園・保育園でも，園から家庭へさまざまなお便りを発行しています。お便りの内容が充実していると，園や担任の方針への理解を深めたり，活動の目的を伝えたりすることができ，効果的な教育活動ができます。

(1) 園からのお便りの種類

① 園便り

園全体の連絡や報告を掲載します。園長や主任など，園全体の責任者が中心になって作ります。学期始めや月始めに定期的に発行したり，行事がある時や特にお知らせしたい内容がある場合に，臨時で発行したりします。

「健康便り（保健便り）」や「給食便り（栄養便り）」を独立で作成している園もありますが，園便りの一部分として載せているところが多いようです。

② クラス便り

基本的に，クラス担任が作ります。同じ年代に複数のクラスがある場合は，主任が代表で作成したり，交代で作成したりします。

月に1回発行している園が多いようですが，週に1回，または随時発行する場合もあります。発行回数についての園全体の方針を確認しましょう。

(2) クラス便りの目的

皆さんが保育者になってはじめに書くのは，クラス便りです。クラス便りには，次のような目的があります。

①学級経営の方針や担任の考え方を理解してもらう。
②学級の子どもたちの様子を伝える。
③園の行事予定などを伝える。
④日程，持ち物，注意事項，協力依頼などを連絡する。
⑤家庭での保育に生かせる情報を伝える。

(3) クラス便りの書き方

① 全体の枠組みを決める

1）大きさ

月に1回ならB4判（またはA3判）1枚程度，週1回ならA4判1枚程度が多いようです。

2）名称

「ももぐみだより」のようなクラス名を入れた名称が一般的です。

3）構成

紙面の割り付けは，毎回ほぼ同じ構成にすると，速く書けますし，保護者も読みやすいでしょう。

② 内容

1）リード文

はじめに，短く簡単なリード文を書きます。明るい内容を心がけましょう。

2）行事予定

月（または週）の予定を一覧にすると分かりやすくなります。

3）日常の一コマ

日常の子どもの様子を紹介しましょう。ただし，個人名，個人の作品，写真などプライバシーにかかわる内容には，事前に保護者の了解を取る，写真の顔が判別できないものにするなど，十分配慮が必要です。

4）連絡事項

保育活動で必要な持ち物，水着への名前の付け方など，連絡事項を伝えます。箇条書きや図なども使って，一目で分かるようにします。

5）家庭での保育の支援

絵本の紹介，手遊びの紹介，発達段階の特徴など，家庭での保育の参考になる内容を入れます。子育て本の紹介もよいでしょう。

6）担任より

担任の雑感，嬉しかったこと，成長を感じたことなどを簡潔に紹介します。行事の報告や家庭への感謝などもよいでしょう。

7）イラストや写真

文章ばかりだと読みたがらない保護者もいます。イラストや写真を活用して読みやすいクラス便りを心がけます。

③ 手書きかパソコンか

クラス便りを手書きで作成するか，パソコン等で作成するかも，園としての方針を確認しましょう。自分で選んでよい場合は，それぞれの利点を考慮して決めましょう。パソコン等の操作は今後仕事で必要になりますので，学生のうちから練習しておきましょう。

資料

資料1　学生時代に読んでほしい本

　知識や教養を高めるためにも，言葉による表現力を高めるためにも，読書は欠かせません。大学生活でたくさん読書をしましょう。図書館や書店にも足繁く通うようにしましょう。是非読んでおいてほしい本を紹介します。

（1）子どもの本

　幼児期の子どもには，伝承物語の読み聞かせが非常に効果的です。まだ字がよく読めない分，耳から聞くことの記憶力が優れた時期だからです。自分でもたくさんの作品を読んでおきましょう。

　また名作といわれる創作絵本もたくさんあります。図書館や書店に通い，たくさん読みましょう。

練習1　次の作品名を五つ挙げましょう。

①日本の昔話

②日本の神話

③グリム童話

④イソップ物語

（2） 表現に関する本

①木下是雄　（1981）『理科系の作文技術』中央公論新社（中公新書）
②外山滋比古（1986）『思考の整理学』筑摩書房（ちくま文庫）
③木下是雄　（1994）『レポートの組み立て方』筑摩書房（ちくま学芸文庫）
④高橋昭男　（1997）『仕事文の書き方』岩波書店（岩波新書　新赤版　517）
⑤池上　彰　（2007）『伝える力』PHP研究所（PHPビジネス新書028）
⑥市毛勝雄　（2010）『小論文の書き方指導　4時間の授業で「導入」から「評価」まで』明治図書

（3） 保育に関する本

①岡本夏木　（1982）『子どもとことば』岩波書店（岩波新書　黄版179）
②スティーブ・ビダルフ 著／菅　靖彦 訳（2002）『男の子って，どうしてこうなの？』草思社
③ドロシー・ロー・ノルト，レイチャル・ハリス 著／石井千春 訳（2003）『子どもが育つ魔法の言葉』PHP研究所（PHP文庫）
④ロン・クラーク 著／亀井よし子 訳（2004）『あたりまえだけど，とても大切なこと』草思社
⑤岡本夏木　（2005）『幼児期』　岩波書店（岩波新書　新赤版949）
⑥ロン・クラーク 著／松本剛史 訳（2005）『親と教師にとって，すごく大切なこと』草思社
⑦佐々木正美（2008）『「育てにくい子」と感じたときに読む本』主婦の友社
⑧松永暢史　（2013）『男の子を伸ばす母親は，ここが違う！』扶桑社（扶桑社文庫）
⑨松永暢史　（2013）『女の子を伸ばす母親は，ここが違う！』扶桑社（扶桑社文庫）
⑩松永暢史　（2014）『男の子を伸ばす父親は，ここが違う！』扶桑社（扶桑社文庫）
⑪松永暢史　（2014）『こんな働く母親が，子供を伸ばす！』扶桑社（扶桑社文庫）
⑫小﨑恭弘　（2014）『男の子の本当に響く叱り方ほめ方』すばる舎
⑬石井桃子　（2015）『新編子どもの図書館』岩波書店（岩波現代文庫）
⑭小﨑恭弘　（2015）『思春期男子の育て方』すばる舎
⑮川島隆太・川島英子（2015）『「頭のいい子」は音読と計算で育つ』二見書房（二見レインボー文庫）
⑯立石美津子（2016）『小学校に入る前に親がやってはいけない115のこと』KADOKAWA（中経の文庫）
⑰柳沢幸雄　（2017）『母親が知らないとヤバイ「男の子」の育て方』秀和システム

資料2　平仮名・片仮名の成り立ちの表

（1）平仮名

平仮名・片仮名とも，その成り立ちには諸説あって，多少の違いがあります。よく知られる成り立ちを次に示しました。これらすべてを覚える必要はありませんが，平仮名や片仮名の元々の漢字を意識して書いてみるとよいでしょう。

安	⇒ あ	以	⇒ い	宇	⇒ う	衣	⇒ え	於	⇒ お
加	⇒ か	幾	⇒ き	久	⇒ く	計	⇒ け	己	⇒ こ
左	⇒ さ	之	⇒ し	寸	⇒ す	世	⇒ せ	曽	⇒ そ
太	⇒ た	知	⇒ ち	川	⇒ つ	天	⇒ て	止	⇒ と
奈	⇒ な	仁	⇒ に	奴	⇒ ぬ	祢	⇒ ね	乃	⇒ の
波	⇒ は	比	⇒ ひ	不	⇒ ふ	部	⇒ へ	保	⇒ ほ
末	⇒ ま	美	⇒ み	武	⇒ む	女	⇒ め	毛	⇒ も
也	⇒ や			由	⇒ ゆ			与	⇒ よ
良	⇒ ら	利	⇒ り	留	⇒ る	礼	⇒ れ	呂	⇒ ろ
和	⇒ わ	為	⇒ ゐ			恵	⇒ ゑ	遠	⇒ を
无	⇒ ん								

（2）片仮名

阿 左部分	⇒	ア	伊 左部分	⇒	イ	宇 上部分	⇒	ウ	江 右部分	⇒	エ	於 左部分	⇒	オ
加 左部分	⇒	カ	幾	⇒	キ	久 左部分	⇒	ク	介	⇒	ケ	己 上部分	⇒	コ
散 左上部分	⇒	サ	之	⇒	シ	須 右部分	⇒	ス	世	⇒	セ	曽 上部分	⇒	ソ
多 上部分	⇒	タ	千	⇒	チ	川	⇒	ツ	天	⇒	テ	止 右上部分	⇒	ト
奈 左上部分	⇒	ナ	二	⇒	ニ	奴 右部分	⇒	ヌ	祢 左部分	⇒	ネ	乃 左部分	⇒	ノ
八	⇒	ハ	比 右部分	⇒	ヒ	不 左上部分	⇒	フ	部 右部分	⇒	ヘ	保 右下部分	⇒	ホ
万	⇒	マ	三	⇒	ミ	牟 上部分	⇒	ム	女 下部分	⇒	メ	毛	⇒	モ
也	⇒	ヤ				由 右部分	⇒	ユ				与	⇒	ヨ
良 右上部分	⇒	ラ	利 右部分	⇒	リ	流 右下部分	⇒	ル	礼 右部分	⇒	レ	呂 上部分	⇒	ロ
和 右上部分	⇒	ワ										乎	⇒	ヲ
无	⇒	ン												

資料3　文章構成表と原稿用紙

(1) 文章構成表

〈なか〉（例）食器並べ

〈まとめの表〉

まとめ	なか2	なか1

資　料

（2）原稿用紙

　文章構成を意識して書く小論文では，縦書き原稿用紙のように中央に区切りがあるものより，ないものの方が適しています。横書き原稿用紙の紙の向きを変えて縦書きとして書いてもよいでしょう。

横書き原稿用紙の例

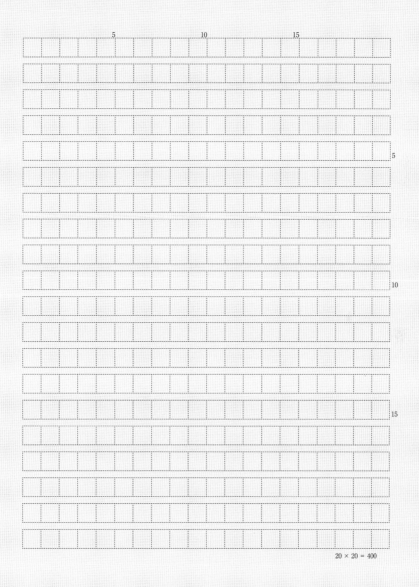

横書きを縦書きとして使用

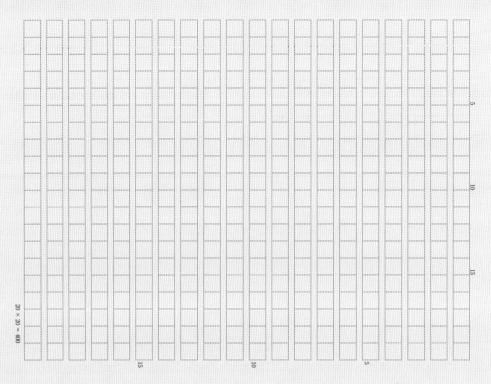

20 × 20 = 400

練習問題解答

I 話す・聞く　基本編

p.2　練習1，2　p.3　練習3の解答は省略（音声での練習となる）

p.3

練習4▶▶▶
①今日の当番さんは，図エマットをロッカーから出してみんなに配りましょう。
②（皆さんはまず，）自分の机の上にクレヨンを出しましょう。
③（次に，）前のテーブルに画用紙を1枚取りに来ましょう。
④（準備ができたら，）隣の友達の顔をクレヨンで描きましょう。

p.4

練習5▶▶▶
①例　おはよう，さようなら，ありがとう，こんにちは，いただきます，ごちそうさま
②例　おはようございます，お先に失礼します，よろしくお願いします

p.4　練習6の解答は省略（音声での練習となる）

p.5

練習7▶▶▶
例
　皆さん，こんにちは。今年もも組を担任する山田太郎です。よろしくお願いします。先生の名前をみんなで一緒に言ってみましょう，「山田太郎先生」ハイ。（子どもたちが「山田太郎先生」と繰り返す）上手に言えたね。いつもは「太郎先生」と呼んでください。
　先生は，元気な子が大好きです。お部屋の中やお外でいろいろな遊びをするから，一緒に元気に遊びましょう。
　先生は，優しい子も大好きです。困っているお友達がいたら助けてあげましょう。
　これから1年間，みんなで仲よく楽しく過ごしましょう。

p.7

練習8▶▶▶
お荷物／ご欠席／お飲み物／ご注文／ご返答／ご職業／ご在宅／お知らせ／ご馳走／お品書き

p.9

練習9▶▶▶
例
　先週の木曜日に，アルバイトで失敗したことを話します。
　私は家から歩いて5分のスーパーでアルバイトをしています。夕方はいつも夕食の買い物の人で混んでいます。私はレジ打ちを始めて2週間なので，クレジットカードの処理の仕方や特売品の値段がよく分からなくて，私のレジだけ10人くらいお客さんがたまってしまいました。列の後ろの方から身を乗り出して私の方をのぞき込んでくる人や，他のレジと見比べて列を並び替える人，時計を何度も見る人などがいました。
　お客さんの様子が気になっていた私は，千円札をくれた50代の男性のお客さんに9600円のおつりを渡してしまいました。その人は「これ，多過ぎるけどもらっていいの？」と笑って返してくれました。
　優しいお客さんで助かりましたが，そのような人ばかりではないと思うので，早く仕事を覚えて，一人前に働けるようになりたいと思いました。

p.9　練習10は解答省略

103

II 話す・聞く　実践編

pp. 12-27　練習 1〜11 は解答省略

III 書く　基本編

pp. 38-39

練習 1 ▶▶▶
① 周り，収まって　② 一周，治まって
③ 周り，一回り　④ 収まった　⑤ 喜色満面
⑥ 気色　⑦ 開放感　⑧ 健診　⑨ 採光
⑩ 化膿　⑪ 関節　⑫ 関心
⑬ 幼児，跳ぶ，不要　⑭ 石，意思，挙げた
⑮ 初めて，始め，始める
⑯ 寒気，暖かく，換気　⑰ 写った，幼時
⑱ 速く　⑲ 張った　⑳ 貼って　㉑ 成長
㉒ 生長　㉓ 移り

p. 41

練習 2 ▶▶▶
①田植え，演じる　②半ば，自ら
③一つ，残せず，申し訳

p. 42

練習 3 ▶▶▶
おういん，はんれい，さしゅ，にょじつ，
ものみゆさん，はちく，いやしめる，ほっしん，
しっぺい，こがい，あずき，すいこう

p. 43

練習 4 ▶▶▶
1　ほごしゃ　　　2　しんらいかんけい
3　れんけい　　　4　つなげる
5　あいさつ　　　6　ほにゅうびん
7　よういく　　　8　こうていてき
9　げつれい　　　10　かかんしょう
11　なっとく　　 12　しゅっせきぼ
13　とうえん　　 14　こうえん
15　にゅうみん　 16　ごすい
17　ちゃくい　　 18　そいね
19　はいぜん　　 20　けっしょくりつ
21　もくよく　　 22　びみょう
23　ちゅうぼう　 24　にぎやか
25　とたん　　　 26　がんぐ
27　けんか　　　 28　さんぽ
29　しどうようろく　30　ざやく
31　けいこうやく　32　げんごのうりょく
33　たんさく　　 34　きゅうきゅうがいらい
35　かいほう　　 36　きげん
37　けんこうしんだん　38　ほっしん
39　けんおん
40　りゅうこうせいじかせんえん
41　ちゅうすいえん　42　おうと
43　はつねつ　　 44　げり
45　ばっし　　　 46　にゅうさんきん
47　かんき　　　 48　ぜんそく
49　ましん，はしか　50　みずぼうそう

p. 44

練習 5 ▶▶▶
1　衛生的　　2　清潔　　　3　喃語
4　愛着　　　5　挨拶　　　6　哺乳瓶
7　後追い　　8　試行錯誤　9　偏食
10　除去食　 11　屋外　　 12　造形遊び
13　掃除　　 14　避難訓練　15　我慢
16　午睡　　 17　副食　　 18　睡眠時間
19　雰囲気　 20　寝具　　 21　沐浴
22　飽きる　 23　開放的　 24　指導要録
25　教育課程　26　消極的　 27　喧嘩
28　競争心　 29　捻挫　　 30　微熱
31　噛み付き　32　過呼吸　 33　感染症
34　解除届け　35　出席停止　36　機嫌
37　湿布　　 38　突発性発疹　39　軟便
40　排尿　 41　排泄　 42　嘔吐
43　便秘　 44　下痢　 45　流行性耳下腺炎
46　打撲　 47　骨折　 48　結膜炎
49　麻疹　 50　水疱瘡

p. 46

練習 6 ▶▶▶
ⅰ　イ　　ⅱ　ア　　ⅲ　イ

p. 47

練習7 ▶▶▶

ⅰ お茶を出す前に，<u>母は</u>茶碗の底についた水気
　　　　　　　　　主語
を台布巾で必ず<u>拭く</u>。
　　　　　　　述語

ⅱ 私の<u>兄は</u>，シロツメクサの首飾りを作っている
　　　主語
母を後ろから<u>呼んだ</u>。
　　　　　　　述語

p. 47

練習8 ▶▶▶

区切れ目は「ある日」

> もも組でザリガニ14匹の世話をした。水槽を14個購入し，1つの水槽にザリガニを1匹ずつ入れ，1匹のザリガニを2，3人で世話をした。はじめのうちは怖がってザリガニを触ることができなかったので，水替えに時間がかかった。
> 　ある日，「1匹だったのにザリガニが2匹になっている。」と驚きの声が上がった。2匹目に見えたザリガニが脱皮した殻だと気づいた子どもたちがいた。よく観察していて，脱皮したザリガニの体色がやや薄いことにも気づいた。

p. 48

練習9 ▶▶▶

正しいのはD

p. 55

練習10 ▶▶▶

近頃、「させていただく」を連発する人がいる。先日、学校と説明会の司会が「説明させていただきます。」と言ったのを聞いて驚いた。そう言えば、失礼に当たらないと思ってのだろうが、間違いである。

p. 55

練習11 ▶▶▶

散歩に行く準備をする時、太郎さんが、自分は準備ができていないのに友達の世話をし始めたので、「今は、友達のお世話をしなくてもいいよ。準備するよ。」と声をかけた。すると、「だって……」と口ごもったあとに、「だって、遅くて気になる！」と言い、その場から離れようとしなかった。

p. 55

練習12 ▶▶▶

今日は子どもたちの名前を覚えることを目標にした。子ども主任の先生が名前を呼びながら挨拶している様子を見て、自分も「お名前よぶよ。」と挨拶したら挨拶が返ってきて感じた。歌のは、一人だけで踊らないで話しかけているか、仲間に入らないなどの子どもの姿が気になって何をしているか、他の子どもたちが何をしているか意識できなかった。

Ⅳ 書く 活用編

p. 67

練習 1 ▶▶▶
例
穏やかな口調で話しかけて「仲よく並ぶ」を意識させることが，並び方を考えさせる援助になる。

p. 71

練習 2 ▶▶▶
例

実習実施日　10月16日水曜日		実習生氏名	山田　太郎
○組5歳児　18名（男児9名，女児9名）		担任氏名	高橋　道子
子どもの姿	・文字に興味をもって，自分で読もうとする。 ・本が好きで，読み聞かせの時間を楽しみにしている。	ねらい	○読み聞かせをよく聞いて，話の内容を楽しむ。 ・読み聞かせの間，話をせずに黙って聞く。 ・話の内容を理解して楽しむ。
		内容	・『てぶくろ』の読み聞かせを聞く。

時間	環境構成	予想される子どもの動き・様子	実習生の動き・配慮
10：20 10：25 10：30	（机と扇形に並ぶ子どもの配置図） ・机の上にテーブルクロスとろうそくと手袋を置いておく。 ・座る場所が分かるように床には子どものマークのシールを貼っておく。	○排泄，手洗いを済ませて扇形に座る。 ○聞く準備をする。 ・わらべうた「ろうそく　パッ」を先生と一緒に歌う。 ・聞く約束「知っている話でも黙って聞く」を確かめる。 ○『てぶくろ』の読み聞かせを聞く。 ○絵本のおわりのわらべうた「ろうそく　フッ」を先生と一緒に歌う。	・扇形になるように，床の自分の場所に座るように促す。 ・5回目の「パッ」のところで無声音にし，静かになるように促す。 ・歌の次は毎回同じ約束をし，聞く準備ができる雰囲気を作る。 ・絵本の表紙を見せて興味を喚起し，皆が見えるように読み始める。 ・よく聞けたことを静かな声でほめる。 ・あえて感想や話し合いをせず，本の余韻に浸る時間を確保できるようにする。

p. 79

練習 3 ▶▶▶
例
　こちらはすみれ幼稚園緊急連絡網です。
　明日の遠足の集合時刻は7時50分です。遅れないように園庭に集合してください。
　ご家庭での健康観察を必ず行ってから登園するように，お願いします。　園長

107

p. 80

練習4 ▶▶▶
例

> たんぽぽ児童館
> 　館長　高橋　道子様
>
> 　いつもたいへんお世話になっております。今年度，すみれ祭りを担当しております佐藤花子です。メールにて失礼します。
>
> 　この度は児童館の和太鼓10台をお貸しいただきありがとうございました。昨日は園児が和太鼓の披露をすることができ，楽しい祭りを行うことができました。天候にも恵まれて来場者が多く，園児の成果を皆さんに見ていただけました。
>
> 　さて，和太鼓を明日お返しに参りたく存じますが，ご都合はいかがでしょうか。できれば午後4時頃伺いたいと思っております。
> 　どうぞよろしくお願いいたします。
>
> 　すみれ幼稚園
> 　　すみれ祭り担当　佐藤花子

p.89　**練習5**は省略

p.92

練習6 ▶▶▶
申し訳ありません，機嫌が悪い，心が温かい，興味津々，幼い，一人ずつ，善後策，言葉遣い，気後れする，率直

さくいん

あ 行

あいさつ	4
アポの取り方	14
誤りやすい漢字	42
一段落一事項の原則	47
引用	58
園便り	94
鉛筆	30
送り仮名	40
送り状	83
お礼状	72

か 行

片仮名	34, 99
家庭訪問	20
仮名文字	32
漢字	36
グーグルスカラー	62
句読点	52, 57
クラス便り	94
クレーム	19
敬語	6
原稿用紙	52
謙譲語	6
国立国会図書館サーチ	62
個人面談	21
言葉の発達	16
コミュニケーション能力	9

さ 行

サイニー	62
参考文献	60, 61
自己PR文	27
自己紹介	12
実習日誌	64
指導計画	68
写真(履歴書)	81
就職活動	26
小論文	46, 86
尊敬語	6

た 行

縦書き原稿用紙	52, 102
段落	47
注のつけ方	60
丁寧語	6
手紙	72
電子メール	77
電話	5, 14, 22
同音異義語	37
同訓異字	36

な 行

日記	9

は 行

葉書	74
話し言葉	3
早口言葉	2
PDCA	68
平仮名	32, 45, 98
便箋	72
封筒	72, 74
プライバシー	19, 20
プライベートなこと	20
文章構成表	48, 100
文末	56
ペン	30
保護者懇談会	21
保護者対応	18
保護者同士のトラブル	20

ま 行

万年筆	72, 81
メモする能力	9
面接	26
文字	30

や 行

横書き原稿用紙	54, 101

ら 行

来客への対応	24
履歴書	27, 81
礼状	72
連絡帳	90
論理的に話す	8
論理の言葉	46

〔著　者〕（執筆順）　　　　　　　　　　　　（執筆分担）

篠原　京子　　東京未来大学准教授　　　　話す・聞く―基本編―
（しのはら　きょうこ）　　　　　　　　　　話す・聞く―実践編―
　　　　　　　　　　　　　　　　　　　　書く―活用編―　5～8

増田　　泉　　常葉大学講師　　　　　　　書く―基礎編―
（ますだ　いずみ）　　　　　　　　　　　　書く―活用編―　1～4

保育者をめざす人のための
ことばの表現―話す・聞く・書く―

2019年（平成31年）4月1日　初版発行
2020年（令和2年）11月10日　第2刷発行

　　　　　著　者　　篠　原　京　子
　　　　　　　　　　増　田　　　泉
　　　　　発行者　　筑　紫　和　男
　　　　　発行所　　株式会社 建 帛 社
　　　　　　　　　　　　　　KENPAKUSHA

〒112-0011　東京都文京区千石4丁目2番15号
　　　　　TEL　(03) 3944-2611
　　　　　FAX　(03) 3946-4377
　　　　　https://www.kenpakusha.co.jp/

ISBN 978-4-7679-5115-7 C3037　　　　　あづま堂印刷／田部井手帳
©篠原京子・増田　泉，2019.　　　　　　　　　Printed in Japan
(定価はカバーに表示してあります)

本書の複製権・翻訳権・上映権・公衆送信権等は株式会社建帛社が保有します。
JCOPY＜出版者著作権管理機構　委託出版物＞
本書の無断複製は著作権法上での例外を除き禁じられています。複製される場合は，そのつど事前に，出版者著作権管理機構（TEL 03-5244-5088，FAX 03-5244-5089，e-mail：info@jcopy.or.jp）の許諾を得てください。